学习发展LD
出色HR如何
搭建学习型组织

任康磊◎著

人民邮电出版社

北　京

图书在版编目（CIP）数据

学习发展LD：出色HR如何搭建学习型组织 / 任康磊
著. -- 北京：人民邮电出版社，2025.2
ISBN 978-7-115-63641-6

Ⅰ. ①学… Ⅱ. ①任… Ⅲ. ①人力资源管理 Ⅳ.
①F243

中国国家版本馆CIP数据核字(2024)第034046号

内 容 提 要

本书讲解人力资源管理从业人员如何成为LD，如何履行人力资源管理中学习发展的职能，内容涵盖LD实战的各个方面，包含大量做好LD工作需要的方法论及各类图表、工具、模型，让方法论可视化、流程化、步骤化、模板化，并通过对实战案例进行讲解呈现操作过程，让读者能够轻松上手，快速掌握成为优秀LD的方法。

本书共8章，主要内容包括LD基础知识、培训管理体系、培训需求与培训计划、培训资源、培训方案设计、导师制设计、培训评估与效果转化、LD典型实战案例。

本书案例丰富、实操性强、通俗易懂，适合LD岗位从业人员，人力资源管理各级从业人员，想要考取人力资源管理师及其他人力资源管理专业相关证书的学员，各高校人力资源管理专业的学生，需要人力资源管理实战工具书的人员，以及其他对人力资源管理工作感兴趣的人员阅读。

◆ 著　　　　任康磊
　　责任编辑　恭竟平
　　责任印制　周昇亮

◆ 人民邮电出版社出版发行　　北京市丰台区成寿寺路 11 号
　　邮编　100164　　电子邮件　315@ptpress.com.cn
　　网址　https://www.ptpress.com.cn
　　天津千鹤文化传播有限公司印刷

◆ 开本：700×1000　1/16
　　印张：11.5　　　　　　　　　2025 年 2 月第 1 版
　　字数：259 千字　　　　　　　2025 年 2 月天津第 1 次印刷

定价：69.80 元

读者服务热线：(010)81055296　印装质量热线：(010)81055316
反盗版热线：(010)81055315

前 言

如果把一个组织的构成分为前台、中台和后台，则前台负责业务与运营，中台负责统筹与指挥，后台负责支持与服务。按照对组织的价值高低划分，一般中台 > 前台 > 后台。

HR（Human Resources，人力资源从业者）岗位在组织中会被归类为后台岗位。HR 每天要从事大量事务性工作，于是很多 HR 在工作中郁郁寡欢，甚至一些身处管理层的 HR 也自暴自弃，觉得自己为组织带来的价值低，相应的回报也不高。

实际上，HR 岗位并非天然为组织带来的价值低，而是很多组织和 HR 没有意识到 HR 岗位该如何为组织创造价值。

著名的人力资源管理专家戴夫·乌尔里赫（Dave Ulrich）曾经提出过一个金字塔模型，这个金字塔模型是从整个组织经营发展的视角来看 HR 岗位该如何为组织创造价值的，如图 0-1 所示。

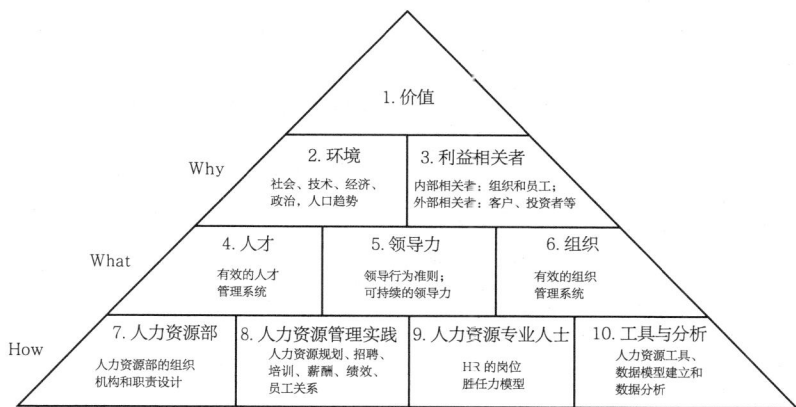

图 0-1　金字塔模型

该金字塔模型分成 10 个部分。顶端的第 1 部分是指人力资源管理工作要为组织创造价值。这既是人力资源管理的原则，也是人力资源管理需要关注的过程；既是顶层的注意事项，也是把底层工作做好后将会收获的结果。如果要检验组织在第 1 部分有没有做好，可以审视组织的人力资源管理是否为组织持续创造价值。

要实现顶层的价值，其他 9 个部分可以分成 3 层。第 1 层是"为何做"（Why），包括第 2 部分环境和第 3 部分利益相关者；第 2 昙是"做什么"（What），包括第 4 部分人才、第 5 部分领导力和第 6 部分组织；第 3 层是"怎么做"（How），包括第 7 部分人力资源部、第 8 部分人力资源管理实践、第 9 部分人力资源专业人士和第 10

部分工具与分析。

金字塔模型的第 2 部分环境指的是组织所处的环境，其中包括组织所处的社会环境、技术环境、经济环境、政治环境及相应的人口趋势等。HR 千万不要以为这些因素和自己没关系。HR 不仅应关注组织内部，由内向外创造价值，还应关注组织外部，由外向内创造价值，养成由外向内思考的思维习惯。

金字塔模型的第 3 部分是组织的利益相关者。这些利益相关者可能在组织内部，也可能在组织外部。从某种程度上来说，HR 不仅服务于组织内部的员工，还服务于组织外部的客户和投资者等。因此，HR 不能只盯着内部员工，还必须了解组织的外部环境，关注组织利益相关者的情况。

金字塔模型的第 2 部分和第 3 部分都需要 HR 由外向内开展人力资源管理工作。检验人力资源管理工作在金字塔模型第 2 部分和第 3 部分的质量时，HR 可以问自己：能不能理解组织当前运作的具体环境？组织的人力资源管理工作有没有和外部利益相关者关联且紧密结合在一起？

金字塔模型第 4 部分、第 5 部分和第 6 部分针对的是组织的内部情况，它能告诉 HR 开展人力资源管理工作该"做什么"（What）。

金字塔模型的第 4 部分人才泛指组织中的一切人力资源，第 5 部分领导力泛指组织中一切宏观和微观的领导力，第 6 部分组织泛指组织中一切与组织管理相关的事项。

根据金字塔模型，HR 要想为组织创造价值，就要关注组织内人才的整体情况，关注组织层面顶层设计的情况，提升组织整体的领导力，连接人才和组织，使其与外部环境和利益相关者匹配。

在明确了"为何做"与"做什么"后，金字塔模型的第 7 部分、第 8 部分、第 9 部分和第 10 部分能够告诉 HR 应如何开展人力资源管理工作，也就是"怎么做"（How）。

第 7 部分是人力资源部的组织机构和职责设计，很多 HR 容易忽略这个环节。HR 有机会参与组织机构设计时，更多考虑的是整体的组织机构设计或部门／团队的组织机构设计，却很少思考如何设计人力资源部的组织机构。这就好比一个医生，常给别人看病，望闻问切样样精通，却可能不会给自己看病。

每一种组织机构都对应一种管理逻辑，人力资源部的机构应该和组织整体的业务机构紧密结合在一起，而不是今天看到某种机构比较流行就跟风使用，或者看到一些大公司在用某种机构就盲目跟着用。

第 8 部分是人力资源管理实践，人力资源规划、招聘、培训、薪酬、绩效、员工关系，即人力资源管理六大模块的实践。这里的人力资源管理实践既包括组织内部的实践，又包括组织外部的实践。

第 9 部分是人力资源专业人士。如果 HR 专业度低，是很难让人力资源管理理念和工作真正在组织中落地的，所以 HR 的岗位胜任力建设和发展也是组织中一项不可或缺的工作。

第 10 部分是工具与分析，包括人力资源工具、数据模型建立和数据分析。有人可能觉得这些工具是最重要的，但其实工具层面的问题对组织来说并不是最重要的。就像"道法器"，器确实很重要，但通常是搞清楚道和法之后才要关注的。搞清楚道和法，再用器的时候才会事半功倍。

在整个金字塔模型中，中间层的人才、组织和领导力起到承上启下的作用，既承接上层的"为何做"，又为下层的"怎么做"提供依据。实务中，HR 在和业务部门管理者沟通交流时，也常常围绕人才、组织、领导力展开，如图 0-2 所示。

图 0-2　金字塔模型中间层

1. 人才

HR 和业务部门管理者常会讨论能不能为组织或团队找到合适的人才，能不能建立一套人才供应系统，能不能做好人才培养、人才保留和人才激励等工作。人才是组织或团队发展过程中永恒的话题。

2. 组织

HR 和业务部门管理者常会讨论一群优秀的人才如何才能更好地创造价值，如何才能更好地发挥作用，如何才能有序地组织在一起。关于组织的话题可能会涉及组织机构层面的问题、组织文化层面的问题及组织能力层面的问题。

组织能力也关系到组织的创新能力、员工间协调合作的能力、员工的工作效率。要想发挥人才的价值，组织有时候还需要给予员工具体的身份和一些必要的权力。

3. 领导力

除人才和组织外，HR 和业务部门管理者的谈话内容通常是关于领导力的。除了管理者个人层面的领导力、下级管理者的领导力建设，还会涉及组织层面的领导力。

基于要做好人才、组织和领导力层面相关工作的需求，人力资源管理实践中逐渐衍生出 3 种岗位——OD、TD、LD，被称为 HR3Ds，本系列书包含这 3 种岗位的内容。关于 HR3Ds 含义的主流观点有两种，本系列书尊重实务中的多数情况，对 HR3Ds 的含义明确如下。

（1）OD（Organizational Development，组织发展）

OD 的主要定位是确保组织能力能够满足战略需求，工作内容包括承接组织战略、构建组织体系、推动组织变化、实施组织诊断、进行绩效改进等。

（2）TD（Talent Development，人才发展）

TD 的主要定位是人才的管理与发展，侧重于构建人才管理体系，工作内容包括岗位管理、构建岗位胜任力模型、搭建职业资格发展体系、建设人才梯队、进行人才盘点与人才测评、制订继任者计划等。

（3）LD（Learning Development，学习发展）

LD 的主要定位是人才的学习和发展，侧重于提升人才能力，工作内容包括建设培训体系、设计培训项目、分析培训需求、评估培训效果、协助构建学习型组织等。

关于 LD 和 TD 的含义还有一种观点，即 LD 代表领导力发展（Leadership Development），其主要功能定位是所有管理者管理能力的培养和组织能力的提升。相应地，TD 依然为人才发展（Talent Development），但增加了人才学习发展的工作内容，包括建设培训体系、设计培训项目、分析培训需求、评估培训效果、协助构建学习型组织等。

相比之下，这种观点显然更能与金字塔模型中的人才、组织和领导力形成一一对应的关系，然而实务中却鲜有组织按照这种逻辑划分 HR3Ds。

原因可能是这样划分后，代表领导力发展的 LD（Leadership Development）的功能定位和工作内容范围较小，如果为此专门安排一个岗位，岗位从业者的工作量不足；相应地，TD 的功能定位和工作内容范围又较大，岗位从业者的工作量太大，需要更多人从事该岗位，造成岗位设置不均。

虽然理论上 LD 和 TD 的定位是不同的，但在实务中，LD 和 TD 的工作存在一定相似或重合的部分。二者经常需要相互配合，一起开展工作。一些组织也会直接把二者合并为一个岗位，统称为 LD 或 TD（多统称为 TD）。

本系列书对 LD 和 TD 做了明确区分，将二者的功能定位和工作内容做了分割。但分割不代表割裂，因为它们都与人才的学习、成长、发展相关，二者实际从事工作时应该紧密配合、相互协作。

本书是 HR3Ds 系列书的其中一册，专门介绍 LD。前文已经介绍过 LD 的功能定位和工作领域，实务中常说的 LD 有两层含义，一层含义是岗位名称，另一层含义是 HR 的一种岗位职能。

本书所指的 LD 不仅指岗位，也指代所有拥有 LD 职能的 HR。所以本书不仅适合 LD 岗位从业者，也适合所有 HR 和组织中想要学习和了解相关知识的读者。

笔者基于自身的从业经验，结合曾参与过的管理咨询项目及一些知名公司的管理方法，将与 LD 相关的知识总结成工具、方法论和案例。希望本书能让读者快速掌握 HR 做好 LD，进而提升组织效能的方法。

祝读者朋友们能够学以致用，更好地学习和工作。

本书若有不足之处，欢迎读者朋友们批评指正。

目 录

1 第 1 章
LD 基础知识

2 第 2 章
培训管理体系

3 第 3 章
培训需求与培训计划

4 第4章
培训资源

5 第 5 章
培训方案设计

6 第 6 章
导师制设计

7 第7章
培训评估与效果转化

8 第8章
LD 典型实战案例

第1章
LD 基础知识

在 HR3Ds 中，LD 的含义和定位是存在争议的。有人说 LD 的含义是学习发展（Learning Development），主要负责组织内人才的培训，帮助其学习并获得能力的增长。有人说 LD 的含义是领导力发展（Leadership Development），主要负责组织内管理干部的培养。

领导力发展这个含义虽然看起来有些狭隘，却能够完美契合戴夫·乌尔里克（Dave Ulrich）金字塔模型的方法论（前言中提过）。学习发展这个含义比较宽泛，虽然与戴夫·乌尔里克（Dave Ulrich）金字塔模型的方法论的匹配度不高，且与 OD 的含义有一定的重合之处，却是被主流认可的，也是在中国企业管理实务中应用最多的含义。

为与实务工作匹配，本书 LD 的含义为学习发展。实际上，学习发展的职能涵盖了领导力发展的职能。

1.1 对 LD 的基本认识

LD 的主要定位是帮助人才学习和发展，侧重于提升人才能力，其工作内容包括建设培训体系、设计培训项目、分析培训需求、评估培训效果、协助构建学习型组织等。合格的 LD 不仅能让组织人才的能力越来越强，而且能帮助人才养成自主学习的习惯。

1.1.1 存在价值：人才能力达标

人才在组织中学习成长的过程，从本质上看，是一个信息传递的过程，它传递的是对组织来说有价值的信息。信息的传递最终能为组织创造价值。

人才学习成长和在组织中解决问题的过程如图 1-1 所示。

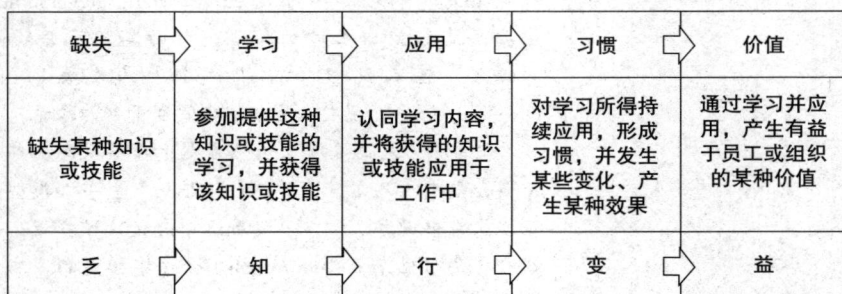

缺失	学习	应用	习惯	价值
缺失某种知识或技能	参加提供这种知识或技能的学习，并获得该知识或技能	认同学习内容，并将获得的知识或技能应用于工作中	对学习所得持续应用，形成并发生某些变化、产生某种效果	通过学习并应用，产生有益于员工或组织的某种价值
乏	知	行	变	益

图 1-1　人才学习成长和在组织中解决问题的过程

1. 缺失

组织中的员工缺失某种知识或技能时，如果这种缺失没有出现在关键位置，可能造成组织能力下降，组织输出价值降低；如果这种缺失出现在了关键位置，则可能造成组织土崩瓦解，不复存在。

2. 学习

员工缺失的知识或技能可以通过学习来补足。当发现员工缺失某种知识或技能时，LD 应及时组织相关的培训或采用各种手段，帮助员工获取这些缺失的知识或技能，通过员工知识或技能水平的提升，提升组织的能力。

3. 应用

学习不一定有效果。如果学习之后不懂得如何应用，不愿意用、不会用或在实践中用不上，则代表学习的失败。在商业世界中，学有所成的标志是学以致用。只有真正用上了，才代表学习有效果。哪怕是对经过调整的学习内容的应用，也代表学习有效果。

4. 习惯

刚学会的知识或技能应用起来也许并不熟练，一般需要经过一段时间的应用后，员工才能将知识或技能内化成不需要思考就可以做出的行为，变成自身的习惯，从而达到熟能生巧的效果。这时候员工不仅能将知识或技能内化成自己的一部分，还可能对知识或技能产生新的理解。

5. 价值

学会的知识或技能内化并落到实处后，通常能为员工或组织带来某种价值。这种价值可能体现为效益的增长、效率的提升、成本的下降或风险的降低。

举例

以学习骑自行车为例。

不会骑自行车的人是很难一下子学会骑车的。（缺失）

一般人需要经过一段时间才能学会骑车。（学习）

刚学会骑车的人，如果马上不骑了，过一段时间后再骑，可能依然很难适应，所以学会骑车后需要持续骑一段时间。（应用）

一般人骑自行车较长时间后，骑车的技能已经变成肌肉记忆，这时候就算一段时间不骑车，偶尔再骑车也很快就能上手。（习惯）

会骑自行车可以让自己的短途交通有更多选择，可以强身健体，自己还可以把骑自行车的技能教给别人。掌握这项技能可以给自己带来很多价值。（价值）

LD通过帮助员工掌握某些知识或技能，改变员工的行为，提高员工的绩效水平，提高员工创造的价值，从而提高组织的绩效水平，扩大组织创造的价值。LD实现工作价值的重要手段是组织培训。培训的作用通常如下。

1. 培训对组织的长期作用

培训能够让组织文化和价值观在组织内有效传递和延续，能够满足组织长期的战略发展需要，能够将组织的战略目标传递至各个岗位，能够传递组织的管理制度和运营标准。

2. 培训对组织的短期作用

培训能够将组织的年度计划传递至各岗位，能够解决某类特定的、难以解决的问题，能够协助某类新项目的推广，能够传递组织的某些信息。

3. 培训对岗位和个人的作用

培训能够改变员工的观念和态度，让员工达到岗位需要的素质、知识和技能要求，能够满足员工职业生涯发展的需要。

1.1.2 岗位职责：实施人才培养

实务中很多LD说组织的学习发展工作很难开展，自己原本制订的员工学习培训计划在组织中最终很难落地。

为了组织一场培训，LD经常忙得热火朝天，但用人部门的管理者和参训人员往往无动于衷，好像培训这件事和用人部门没有任何关系，好像用人部门的管理者和参训人员唯一需要做的就是参加培训。

很多组织高层管理者对人才的培养和培训工作也经常不闻不问，他们认为这项工作是LD该做好的工作，或者是人力资源部该做好的工作，做不好就全是LD或人力资源部的责任。

存在这种现象的组织，培训管理工作一般都做不好。虽然实施培训管理的人是LD，其归口管理部门是人力资源部，但组织中人才培养和培训管理的职责，绝不应该只由LD或人力资源部承担。人才的学习、培养和发展等活动也不应该只由LD或人力资源部发起和组织。

世界500强企业对培训管理的定位通常是：培训是员工自己和上级共同负责的事情，其他部门主要起支持和配合作用。所以，LD和人力资源部在人才培养和培训管理工作中，主要是支持和协助各用人部门做好人才培养和培训工作，并视组织整体的知识或能力缺失情况，组织和提供统一的培训。

实施人才培养和培训管理时，组织内各方的角色定位和具体职责如表1-1所示。

表1-1　组织内各方在人才培养和培训管理方面的角色定位和具体职责

部门/角色	角色定位	具体职责
组织高层管理者	领航者	提出满足组织发展需要的培训需求 给出组织实施人才培养和培训管理的纲领 及时对人才培养和培训管理的大方向纠偏
各用人部门的管理者	需求者/实施者/配合者	提出满足部门发展需要的培训需求 自行在部门内部实施人才培养 制定部门内部的培训大纲 协助确定部门内部的讲师人选 协助开发培训课程 协助推动组织人才培养方案的运行 支持组织的培训管理工作
员工	需求者/配合者	提出个人的学习需求 配合培训的交流反馈工作 配合实施组织的人才培养计划 支持组织的培训管理工作

部门/角色	角色定位	具体职责
LD/ 人力资源部	学习的组织者/协调者/ 资源整合引导者/管理者	建设培训体系 建立培训制度 制订培训计划 收集培训需求 管理培训资源 组织实施培训 培训评估改进
培训讲师	开发者/实施者/评估者	开发培训课程 落实培训内容 保证参训人员获取相关信息 协助进行培训评估

要在组织中做好人才培养和培训管理，组织高层管理者、各用人部门的管理者、员工、LD/人力资源部、培训讲师等都发挥着各自重要的作用。只有当每个角色都找准各自的定位和承担具体职责时，组织的人才培养和培训管理工作才能有效进行。

1.1.3 工作定位：组织学习落地

虽然理论上 LD 和 TD 的定位是不同的，但在实务中，LD 和 TD 的工作存在一定的相似或重合的部分。二者经常需要相互配合，一起开展工作。一些组织也会直接把二者并为一个岗位，统称为 LD 或 TD（多统称为 TD）。

本系列书对 LD 和 TD 做了明确区分，将二者的工作内容和功能定位做了分割。但分割不代表割裂，因为二者都与人才的学习、成长、发展相关，二者在实际从事工作时应该是紧密配合、相互协作的。

LD 作为人才学习发展的归口管理者，首先应当考虑如何让人才的学习发展为组织创造价值，把人才的学习发展工作定位成管理性工作，而不是发放培训通知、整理培训场地、准备培训设备、安排学员用餐等事务性工作。

不可否认的是，在人才的学习发展中，很多事务性工作和操作层面的工作确实很重要，很多时候，LD 也应为业务部门做好相应的服务工作，但这些都不应是 LD 需要第一时间考虑的。

LD 开展人才学习发展工作时，不应先考虑组织该做什么样的培训，再考虑这些培训该怎么做，最后考虑需不需要做，而应当遵循"为什么做""怎么做""做什么"这一从核心出发并向外延伸的工作原则。

LD 的工作原则如图 1-2 所示。

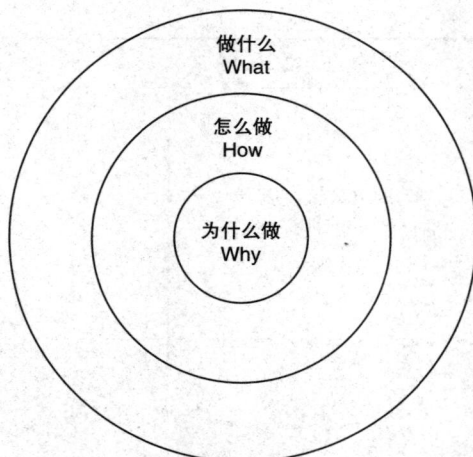

图 1-2　LD 的工作原则

LD 在工作时要注意以下两个重要事项。

1. 战略的高度

LD 如果不能站在战略的高度考虑组织的整体情况，为组织创造的价值将是有限的，所以许多 LD 和组织高层管理者的沟通内容经常是某员工因为失恋要离职、某员工因为生孩子要请假、某员工上班迟到被批评等对于组织高层管理者来说过于琐碎的事。

如果 LD 不能站在战略的高度来思考问题，就好像某人想到达某个目的地，虽然他出发后一直在走，但没想过自己走的方向到底是不是正确的。一门心思想把事情做好无可厚非，但一定要搞清楚组织的战略，只有这样，才能明确工作的方向。

举例

笔者所在的公司曾经有位 LD，他在人才学习发展和培训的组织与实施方面做得非常好。他组织的每场培训结束后，参训人员对培训的组织工作的反馈都非常好。因此，他受到了公司管理层和员工的一致认可。

可到了当年年终，公司做业绩回顾时，发现培训费用和往年相比增加了 30%，而且和当年预算相比增加了 20%，但是半年以来，公司的经营业绩只提升了 5%。公司进一步分析发现，培训费用的增加主要是因为公司今年组织的培训次数和参训人数比往年多。但通过最近几次的培训评估报告能够看出，其培训的效果并不十分明显。

公司重新规划了关于培训的策略，把培训工作的重点暂时放到培训结果的评估、培训效果的提升和培训成果的转化上；在培训次数、参训人数上，不追求多，以有序地减少培训费用。

对于公司培训策略调整的原因和内容，笔者与这位 LD 做过多次沟通。可是这位 LD 非常醉心于做好自己的工作，还是一味地按照原来的培训计划来实施培训，结果造成培训费用有增无减，而且培训的效果依然没有得到提升。

　　培训费用的继续增加和培训效果持续得不到提升让公司总经理对培训工作非常不满意。后来，这位LD被调到了其他岗位。

　　这位LD在工作中不能站在战略的高度理解策略调整，不能及时调整自己的工作来配合组织的战略，即使他在培训的组织与实施方面的能力再优秀，公司也不会对他的工作给予肯定。

2. 价值的角度

　　要做好组织的人才学习发展工作，LD除了要站在战略高度和具备全局意识外，还要站在为组织创造价值的角度做出工作决策，要做进行顶层设计的"设计师"，而不是发生问题后忙于救场的"救火员"。

　　组织高层管理者都非常关注组织的经营业绩，因为经营业绩是对组织价值最真实的反映。组织高层管理者也非常关心营销人员、技术人员和生产人员，因为这些人为组织带来了业绩，是组织价值最直接的创造者。

　　LD虽然并未直接为组织创造价值，但一定要从创造价值的角度思考问题，以价值为导向开展工作。必要的时候，LD要用数据来表达自己，用价值来证明自己，多接触营销部门、技术部门、生产部门，多了解业务知识，多向各业务部门请教一些业务上的问题，多帮助业务部门解决业务上的难题。

　　LD要熟悉组织的经营模式、产品定位、业务流程、目标客群等与为组织创造价值息息相关的环节；要把组织发展遇到的瓶颈、当前存在的问题、未来的发展方向和需求等都搞清楚；在做人才学习发展工作时，把为组织创造价值落实到实际工作中，让组织高层管理者能够感受到，人才学习发展工作的开展和业务工作的开展是紧密联系在一起的。

1.2　做好LD工作的条件

　　明确了LD的存在价值、岗位职责和工作定位，对LD有了基本认识后，并不能保证HR可以做好LD工作。HR要做好LD的相关工作，需要明确相应的条件，培养自身的相关能力；明确LD的角色模型，扮演好合适的角色；明确LD应掌握的关键知识，更好地履行职责。

1.2.1　能力要求：LD的五大能力要求

　　要做好人才学习发展工作，LD应具备五大能力。

1. 学习能力

LD 要能够快速了解自己原本不熟悉的领域。这里的了解并不是指完全掌握或学会相关知识，而是要对该领域有框架式的认识，尤其是要对该领域能够解决的问题和能够为组织提供的价值有清晰的认知，从而判断是否有必要开展组织内相关人员的学习发展工作。

学习能力足够强的 LD，会不断扩展认知的边界，知识面足够广，能有效设计组织内各岗位的知识体系和学习内容。

2. 总结能力

LD 要能够从优秀经验或最佳实践中总结提炼出核心知识和方法论，并在组织范围内复制实施，让更多人掌握工作方法。有时候这种总结和提炼工作可以由 LD 独立完成，有时候需要 LD 和拥有丰富经验的员工一起完成。

3. 表达能力

LD 虽然不需要讲授专业课程，但一般需要讲授一些通用课程，这就要求 LD 具备良好的表达能力。这里的良好的表达能力不仅指把事情说清楚，清晰地传递信息，还指吸引信息接收者的注意，让信息接收者更容易且有效地接收信息。

4. 组织能力

LD 不仅要定期组织各类学习培训活动，而且要整体把握组织层面的人才学习发展。具备组织能力，能够确保 LD 举办的各类学习培训活动的效果，有助于 LD 想要实施的各项政策措施顺利落地。

5. 创新能力

LD 不能一味固守旧模式、沿用旧方法，当传统的工作方法不起作用时，LD 要有能力、有勇气创新。

例如在人才的学习方式上，如果发现采用"排排坐""上大课"的方式效果不佳，可以采取环岛讨论的学习方式；在人才的学习内容上，如果发现当前的学习资料已经比较陈旧，可以引进新的学习资料。

1.2.2 角色模型：LD 的四大角色类型

LD 在组织中扮演的角色与 TD 在组织中扮演的角色有不少相似之处。LD 也需要帮助人才规划成长路线，所以 LD 也要扮演规划师的角色；LD 也要帮助人才学习和走向成功，所以 LD 也要扮演教练的角色。除了规划师和教练角色之外，LD 还要扮演好以下四大角色。

1. 观察诊断者

LD 要观察和诊断组织可能面临的问题，要善于发现组织能力的缺失或不足，并发现这种缺失或不足与人才知识或技能的不足的关联，诊断出人才需要学习的知识或技能。

这种观察和诊断实际上也是组织各级管理者应该做的，但实务中很多组织的管理者通常都忙于业务工作，较少关心组织内人才的知识或技能情况对组织能力的影响，也较少关心人才的学习发展。

2. 辅导监督者

根据岗位职责要求，组织内各部门管理者应做好本部门的人才培养工作，然而实务中很多部门管理者是"茶壶里煮饺子"，不知道如何把知识或技能教给员工。这时候，就需要 LD 做好对部门管理者的辅导。

部门管理者除了有可能不知道如何教员工知识或技能之外，还有可能从主观上不愿意教员工或者怠于教员工。针对这种情况，LD 除了要提供辅导之外，还要强化对部门管理者的监督，督促部门管理者履行自身职责。

当然，员工才是学习发展的主体。如果员工对自身的学习发展不重视，消极对待部门管理者和 LD 为自己提供的学习发展机会，那学习发展工作也将难以为继。LD 除了要做好对部门管理者的辅导和监督之外，还要做好对员工的辅导和监督。

3. 组织引导者

LD 要组织各类学习活动，活动可以是各式各样的，如培训会、座谈会、情景模拟、讨论活动、观摩活动等。LD 还可以协助业务部门的管理者举办本部门员工的各类学习活动。

LD 要设法引导员工学习，而不是强硬地给员工灌输知识。所以 LD 除了要组织各类学习活动外，还要在学习活动中或学习活动外引导员工完成学习任务，实现自主学习。

4. 主持演说者

LD 在组织员工的各类学习活动时，可能需要担任主持人或培训讲师，在众人面前演讲。LD 的演讲要言之有物，既要起到控场作用，又要吸引听众的注意力。

1.2.3　关键知识：LD 的三大核心知识

要做好人才学习发展工作，LD 需要掌握三大核心知识。

1. 学习方法知识

根据林达·格拉顿（Lynda Gratton）和安德鲁·斯科特（Andrew Scott）的研究，随着经济技术的发展进步，人类的寿命将会越来越长，未来人类必将进入"长寿时代"。

然而，行业的寿命却越来越短，越来越多的新兴行业涌现，旧行业中也不断产生各种各样的新技术，随之而来的就是组织对员工掌握五花八门的新知识或新技能的要求。各类组织不仅对人才知识或技能的水平要求越来越高，对人才知识或技能的复合性和变化性要求也越来越高。

学习能力将成为未来人才的重要能力之一。万物皆有方法论，与骑自行车、打篮球、游泳等运动项目一样，学习也是有方法论的，也讲究方法。掌握科学的学习方法的人，可以在短时间迅速学会很多知识。如果掌握的学习方法无效，则可能事倍功半。

成年人（此处专指职场人士）的学习方法和未成年人（此处专指在校人员）的学习方法不尽相同。未成年人大多有升学的压力、家庭的要求、老师的督促等，就算没有掌握比较好的学习方法，通过死记硬背或许也可以取得比较好的成绩。但成年人不同，如果没有某种实际的动力，多数成年人对学习都持拒绝态度。关于成年人的学习方法，本书将在下节内容中详细介绍。

2. 运营方法知识

组织培训活动需要运用一定的方法，这种方法不仅包括活动组织层面的，还包括运营层面的。LD 通过运营，让人才在学习过程中觉得有趣，让人才感受到学习给自己带来的收益，从而增强人才自主学习的意愿，让人才主动参与到学习过程中。

LD 的运营是指将与 LD 工作相关的事物统筹好的过程。LD 的运营方法知识既涉及对活动的运营掌控，又涉及对人才能力的运营掌控，还涉及对人才学习节奏的运营掌控。运营工作做得好的 LD，能让组织中人才的能力有节奏地逐步增强。

3. 评估方法知识

学习虽然是有利的，但学习很耗费时间，尤其是利用上班时间学习，需要组织替人才承担学习成本。LD 要明确人才应该学什么，以及如何有效率地开展学习活动，就要掌握学习成果的评估方法。

学习成果的评估标准并不是人才学到的知识或技能越多越好，而是人才为组织创造的价值越高越好。组织支持人才学习的首要原因，是要达成组织目标，满足组织需要，如果这一点没有满足，就算人才通过学习学到了很多，也不代表这种学习是有效的。

对学习成果的评估能够反过来帮助 LD 做好接下来的人才学习计划。通过对学习成果的持续评估，LD 能够发现人才当前最迫切的学习需求，确定对人才来说最有效的学习方式。

1.3　成年人的学习原理

成年人的学习是基于对生活或工作中遇到的实际问题的反思和体验，而获取新的观念、知识、技能，形成新的认知结构的过程。当这一过程操作到位、形成闭环时，成年人往往会迎来素质的全面提升。

1.3.1 学习特点：需要什么就补充什么

成年人的学习不是尽可能多地获取知识和信息，而是需要什么就补充什么。这里的需要不仅是指个人的需要，还有组织的需要、团队的需要、岗位的需要。成年人的学习不是想办法知道得更多，而是通过知道一些关键信息，改变自身的行为。

成年人的学习特点和未成年人的学习特点的差别如表1-2所示。

表1-2 成年人的学习特点和未成年人的学习特点的差别

差别项目	未成年人	成年人
学习目的	提升个人素质、提高知识水平	处理生活中某个具体问题,通常以问题为中心、以任务为中心或以生活为中心进行学习
学习意愿	取决于身体的发育程度和心智的成熟程度。有时需要依赖他人学习,且通常主动性较差,大多是被动进行	取决于是否能够意识到所学内容对自己的益处和重要性,成年人偏向于学习他们认为对自己有用的知识。实用是成年人学习的第一动力,所以成年人的学习会带有很强的目的性。成年人的学习相对比较独立,当迫切需要解决某方面问题时,成年人具有较强的主动性
学习方式	以课堂授课为主,实践较少	在做中学,在学中做,实践和成年人学习的关联性非常强
学习环境	相对比较正式、单一、固定	多种多样
时间观念	因为学习内容和待解决问题的关联性低,存在一定的滞后性,所以没有强烈的紧迫感	当遇到问题时,成年人迫切需要获得相应的知识或技能,期望用最短的时间快速解决问题;对于不能解决问题的其他知识或技能的学习无紧迫感
经验情况	有较少的经验可以用于评价和判断学习内容	成年人具有独特的个人经验,在学习中喜欢运用过去的经验对学习内容做评价和判断,而且年龄越大,这种特点越明显

除以上内容外，成年人的学习还具有如下特点。

1. 功能导向

对于很多成年人来说，需要知道为什么学习后才愿意学习，也就是很多成年人的学习需要有对结果预期的致用。对于看起来没用的学习内容，很多成年人难以接受。

2. 追求认可

在学习的过程中，成年人渴望获得感，渴望自己的进步被别人发现，渴望因为自身进步而创造的价值或贡献获得即时的认可。成年人学习的内在激励不仅来自学习之后的成长本身，更来自成长之后获得的正向反馈。

3. 合作共赢

成年人需要在一个相对具有宽容性、接纳性、支持力的环境中学习，他们希望获得足够的尊重。他们更希望与培训讲师之间的关系是交流分享、充分参与、合作共赢的关系，而不是你强我弱、高低分明、单向沟通的关系。

4. 利弊维度

成年人需要学习的内容不仅是好坏对错的是非观或利弊观，更应偏重对问题更深层次的探讨和对问题核心本质把握的维度观。对于同一个问题，在不同的时间，不同的人站在不同的角度，很可能会有不同的结论。

相对于未成年人来说，成年人的学习能力并不一定会随着年龄的增长而明显下降，相反，成年人因为已经具备一定的知识储备，对事物已经形成了一定的认知结构，具备一定的独立思考能力，所以在学习的某些方面是具有一定优势的。

1930 年出生的沃伦·巴菲特（Warren Buffett）和 1924 年出生的查利·托马斯·芒格（Charlie Thomas Munger）至今仍然坚持每天看书学习，是终身学习的典范。他们的学习能力丝毫没有因为年龄的增长而降低，他们反而因为学习，思维变得更加敏捷，具备超过常人的认知能力和判断能力。

1.3.2　学习原则：以价值为目标和动力

针对成年人学习的特点，面对成年人开展的学习发展工作应当遵循如下原则。

1. 价值目标原则

基于成年人习惯带着较强的目的学习的特点，面对成年人开展的学习发展工作应当有明确的价值和目标。说不清楚的、漫无边际的、不切实际的、没有价值的目标都无法让成年人产生学习的意愿和动力。

2. 激发动力原则

激发成年人主动学习的热情将会对学习发展工作的成功实施起到决定性的作用。成年人学习的动力往往来自其对生存或发展等现状的不满及对未来的憧憬。成年人认为学习内容对他未来生存或发展起到的积极作用越大，其学习动力被激发的程度就越高，主动学习的意愿就越强，学习效果就越好。

3. 多重感官原则

成年人的学习应当尽可能多地调用人的各种感觉，比如视觉、听觉、触觉等。如果培训讲师能够利用成年人的多重感觉实施培训，能够让成年人更快地吸收培训的内容，帮助成年人加深印象，便于回忆，培训和学习将会事半功倍。例如，单纯地讲解（听觉）就不如让成年人看到实物（视觉）效果好，若能让成年人更近距离地感受、操作（触觉），效果就会更好。

4. 内容合适原则

成年人的学习内容应当多包含一些能够解决问题的工具或方法论，少涉及一些概念性的原理。成年人学习的知识、技术、工具、方法论、资料、案例等内容，以及这些内容的呈现方式必须满足成年人的需要和兴趣，必须与成年人想要达成的目标紧密相连，这样成年人才会有学习的意愿和动力。

5. 双向沟通原则

成年人的学习一定要是双向的沟通，而不是一方单纯地说教。培训讲师要与参训人员充分互动交流，而不是单向地传授知识。所以在整个过程中，培训方案对于互动的设计及培训方案实施过程中培训讲师对于互动的把控直接影响着成年人的学习效果。

在成年人学习的过程中，培训讲师要鼓励他们提出问题，并解答他们提出的问题。对于成年人的学习情况，培训师应当及时给予反馈。

6. 持续练习原则

最好的记忆和内化的方法是持续不断地重复。通过持续练习，成年人可以重复学习获得的信息，提高将短时记忆转变为长时记忆的概率。在成年人的学习过程中，培训讲师应给予成年人频繁提问、安排实践、强化总结等持续练习的机会，这些都将有助于提升成年人的学习效果。

7. 首要信息原则

成年人在刚开始学习时，普遍会比较认真，所以开场非常重要。生动有趣的开场和全面有效的引导有助于吸引成年人的注意力，让成年人快速了解学习的方向。同样，在正式的学习开始之前，向成年人讲解学习的要点、大纲、脉络，阐述学习内容能够解决的问题，对成年人的学习效果也会带来很好的正向影响。

1.3.3　学习阶段：视情况分类安排学习

成年人的学习阶段可以分成4个层次，第1层次是不知道自己不知道，第2层次是知道自己不知道，第3层次是知道自己知道，第4层次是不知道自己知道，如图1-3所示。

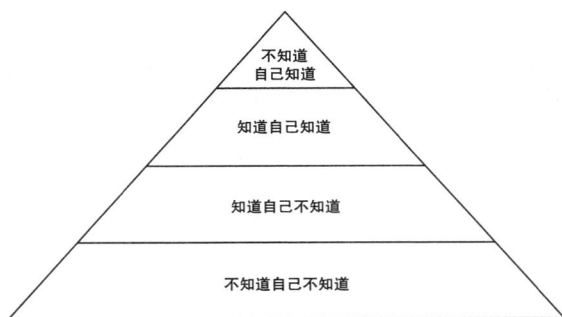

图1-3　成年人学习阶段的4个层次

处在第1层次的人总是偏向于把事物想得非常简单，经常不懂装懂，或者只了解事物的皮毛就以为自己已经知道了事物的全貌。这类人掌握了一点知识或技能就以为自己是专家，主动学习的意识最差。

处在第2层次的人的人懂得保持谦虚，并知道很多事物并不像自己想的那么简单，开始对一些事物感到敬畏。他们开始知道在某些领域，即便自己掌握了一些知识和技能，仍然有许多自己不知道的知识和技能。他们懂得应该改变自己，主动学习的意识较强。

处在第3层次的人已经经历过学习过程和实践的洗礼。经过对学习内容的应用之后，他们有了一定经验，对那些原本认知尚浅的事物有了新的、相对完整的认识。他们知道自己可以做到什么，并能够运用自己的知识和技能做好某件事情。

处在第4层次的人已经熟练掌握某项知识或技能，他们早在处在第3层次一段时间之后，便对事物有了更加不一样的认识。这种认识已经不仅存在于他们表层的意识中，而是已经深入不自知的潜意识。当需要这项知识或技能时，他们能够不自觉地运用自如。

要实现成年人从第1层次到第4层次的转变，LD可以把成年人学习过程细分成以下4个阶段，并分步开展成年人的学习发展工作。

第1阶段，引导成年人回忆过往经历，启发他们开始对过往经历进行反思，帮助他们发现问题，激发他们对现状的不满和迫切期望改变现状的决心。

第2阶段，引导成年人找到改变现状和解决问题的关键因素，比如知识、工具、方法等，确定学习的内容和目标。

第3阶段，引导成年人对相关知识、工具、方法进行学习，通过让成年人在学习过程中阶段性地回顾和练习，最终实现学习目标。

第4阶段，引导成年人将学习内容在实践中不断地应用，并经过时间的积累将这些内容内化，从而对实践产生积极正面的影响。

成年人学习过程4个阶段成功实施的关键因素及正面和负面的表现如表1-3所示。

表1-3　成年人学习过程4个阶段成功实施的关键因素及正面和负面的表现

阶段	关键因素	正面的表现	负面的表现
第1阶段	开场的技巧 内容的吸引	准时参与、发出笑声、点头、鼓掌、赞美	中途离席、迟到、早退、无精打采、抱怨
第2阶段	控场的能力 引导的技巧	认知清晰、讲得出来	认知混乱、讲不出来
第3阶段	知识的可传播性 技能的可操作性	实用、切合实际、记得住	没有关联、与现实脱节、不到位、记不住
第4阶段	态度和行为的改善 投资回报率的提高	态度、行为实现有益改善，客户满意度提高，效益提高，效率提高，成本降低	不思进取、毫无改变、成效不大

☑ 实战案例
BOSS 直聘 LD 的职责定位与任职要求

BOSS 直聘是一款在全球范围内率先发展移动互联网"直聘"模式的在线招聘 App，于 2014 年 7 月上线，2021 年 6 月在纳斯达克上市。

BOSS 直聘致力于用技术的手段和用户第一的服务理念，为招聘者和求职者搭建高效、便捷、易用的求职招聘平台。

BOSS 直聘产品的核心是"移动＋智能匹配＋直聊"，通过将在线聊天功能引入招聘场景，让招聘者和求职者直接沟通，让招聘最终决策者直接参与线上招聘，去除冗长的传统招聘环节，提高招聘效率。

BOSS 直聘应用前沿人工智能技术，不断追求岗位与人才的多维度的智能匹配，提升招聘效果。

BOSS 直聘 LD 的职责定位如下。

（1）完善人才标准，构建人才评价体系，推动招聘与内部评估各场景的应用。

（2）优化人才评估与盘点体系，组织实施人才评估与盘点，绘制人才地图，推动对人才评估结果的应用。

（3）优化职级晋升体系，组织述职评审与晋升项目。

（4）设计公司后备人才发展体系，推动继任者的系统培养。

（5）关键人才的发展项目的设计与推动实施。

（6）对接相应业务单元，洞察和诊断业务、组织、人才、文化痛点，整合内外部资源，给出定制化领导力发展解决方案，达成绩效转化目标。

BOSS 直聘 LD 的任职要求如下。

（1）8 年以上 HR 工作经验，其中包括 5 年以上 TD/LD 工作经验。

（2）拥有大型互联网、人力咨询公司与世界 500 强企业从业背景者优先。

（3）熟悉人力资源管理基础知识，了解各模块间的逻辑关系。

（4）精通人才发展体系建设，熟悉项目设计与运作的相关专业知识。

（5）知晓人力资源前沿变化趋势和人才发展相关技术的革新与变化。

（6）具有人才标准建设（能力模型构建）、人才评估与盘点体系建设及项目实施等经验。

（7）具有职级晋升管理、人才梯队建设及干部管理经验。

☑ 实战案例
圆方软件 LD 的职责定位与任职要求

广州市圆方计算机软件工程有限公司（简称圆方软件）是一家致力于为中国泛家居产业提供专业设计、生产、管理、销售等一体化解决方案的高新技术企业。

圆方软件成立于 1994 年，总部位于广州市天河区珠江新城，员工总人数超过 400 人，90% 的员工为大专及以上学历，其中 40% 为技术研发人员。圆方软件是国家首批通过"双软认证"的高科技软件企业。圆方软件稳健发展逾 29 年，拥有 120000 名注册用户、6000 余家家具企业客户、4000 余家建材企业客户，在境外 20 多个国家和地区设立代理商。

2003 年，圆方软件决定向集团化发展方向转型，先后筹建成立维意定制、尚品宅配、维尚家具、新居网等企业，现集团已迅速发展为中国全屋定制家居行业一线品牌，并于 2017 年成功登陆深圳证券交易所。

圆方软件作为集团的核心技术引擎，凭借强大的科研与应用实力，拥有以虚拟现实、3D 渲染引擎等为代表的一大批核心技术。

圆方软件 LD 的职责定位如下。

（1）负责领导力培训项目的设计、资源开发、组织实施、效果评估和持续优化。

（2）负责领导力培训项目的课程开发和案例选取，能对内部讲师的课程内容、课程逻辑提出修正建议。

（3）负责对与领导力培训项目相关的内外部资源的沟通协调、资源库的建立与维护。

（4）运用新形势下的互联网学习技术，运营领导力培训项目。

（5）赋能团队成员，负责团队成员整体学习、设计能力的提升。

圆方软件 LD 的任职要求如下。

（1）拥有大中型企业人力资源体系组织发展 5 年及以上经验，或国际知名咨询公司顾问 3 年及以上专业经验。

（2）本科以上学历，具备人力资源管理、企业管理及心理学专业知识，有人力资源管理、企业管理、心理学专业背景者优先，"双一流"大学毕业者优先。

（3）具有领导力培训项目设计及运营经验、课程开发及讲授经验，熟悉业务逻辑和人才成长规律。

（4）具备自驱力，具有持续学习、乐观向上的工作态度，能做到高效执行、精益求精。

（5）精通以下领域中至少一个领域的相关知识：培训体系搭建（含课程体系、学习路径、师资管理、线上学习等）、储备人才梯队建设（构建储备人才品牌、训练营输出）、储备人才轮岗与行动学习。

☑ 实战案例
转转公司 LD 的职责定位与任职要求

2020 年 5 月 6 日，北京转转精神科技有限责任公司（简称转转公司）与找靓机实现战略合并，合并后转转公司估值超 18 亿美元，成为二手手机和数码 3C 领域的绝对领先者。找靓机作为转转公司旗下子公司，将继续以独立品牌发展，进一步拓展二手手机和数码 3C 领域的 B2C 市场。

转转是国内知名的二手交易平台，由腾讯与 58 集团共同投资，二手交易品类覆盖图书、3C 数码、服装鞋帽、母婴用品、家具家电等 30 余种。

转转致力于提供标准化服务，开创了二手手机的验机和质保服务模式，为广大用户提供可靠、便捷的二手交易服务。

转转公司 LD 的职责定位是学习发展专家。LD 负责解决业务痛点，涉及团队管理、业务管理等，具体描述如下。

（1）负责学习与发展领域的教学模式、学习技术、培训体验、培训数字化、成人学习等的研究，持续推动教学模式、学习方式的创新与应用。

（2）负责将新的教学模式、培训技术和方法等传授给培训业务团队并推动落地，对后续的运用效果进行跟踪和分析，并持续不断改善。

（3）作为专业顾问，洞察业务端本质需求，设计培养内容，匹配相关资源，设计适用于业务的学习项目，提供专业的解决方案等。

（4）结合实际工作场景，沉淀和总结实践经验，形成案例或微课。

（5）运用课程开发技术，引导开发有针对性的通用类或管理类课程。

转转公司 LD 的任职要求如下。

（1）教育背景：统招本科及以上学历，专业不限。

（2）工作经验：5 年以上学习发展领域或人才发展领域工作经验，具备互联网公司工作背景，完整负责过一个培训业务或学习项目。

（3）知识技能：深入理解客户需求，掌握洞察方法论，有一定的学习发展方法论的积累。

（4）能力要求：有很强的学习和转化能力，热爱培训行业，对学习发展前沿有高敏感度；善于运用方法论、先进工具，善于吸取先进的教学经验和方法并结合业务进行灵活应用。

第2章
培训管理体系

　　无数成功组织的实践证明：组织中回报率最高、最具价值的投资就是对培训的投资。持续有效的培训需要培训管理体系的支持。落后的培训管理体系会阻碍人才的成长，影响组织的发展；而先进的培训管理体系能够使组织各层级人员得到能力上的提升，增强员工对组织的凝聚力和归属感，促进组织良性发展。

2.1　培训管理的不同阶段

培训管理工作绝不是看到其他组织把培训管理工作做得很到位，就把其他组织的做法原封不动地搬到自己组织就能够做好的。根据组织自身管理水平的不同，培训管理可以分成不同的阶段，分别是初级管理阶段、培训管理阶段、人才培养阶段和转型升级阶段。在组织培训管理的不同阶段，工作的重点、培训起到的作用、培训管理工作的关键点，以及考核培训管理成果的指标都是不同的。

需要注意的是，培训管理所处的阶段和组织的规模及组织管理水平有一定的关联，但并不完全对应。有可能某个组织规模很大，销售规模超过百亿元，员工人数已经达到几万人。组织的预算管理体系、生产运营管理体系、客户管理体系、供应商管理体系等相对比较完善，可由于组织从来没有系统地管理培训，培训管理可能仍处于初级管理阶段。

也有可能某个组织虽然只成立了几年时间，业务量不大、员工人数不多，组织在其他方面的管理也都处于初级阶段，但是这个组织从成立之初就非常重视培训管理工作，一直以来对员工实施的都是非常完整且系统的培训，那么这个组织的培训管理有可能已经跨过了初级管理阶段，处于培训管理阶段或人才培养阶段。

2.1.1　初级管理阶段：人才知识扩充

处在初级管理阶段的组织，往往成立时间不长，或者已经存在较长一段时间，但组织高层管理者的主要精力放在了组织的经营发展和提升业绩上，对于人才的培训与培养不够重视。

可是当组织发展到一定程度时，因为遇到管理瓶颈或意识到人才培训与培养的重要性，组织高层管理者就会开始重视人才的能力成长问题，着手推进培训管理工作。

初级管理阶段是组织培训管理从无到有的阶段，组织没有系统地对培训进行管理。比如可能针对某类人群的培训时有时无、时断时续，而且培训的目的性、功能性、质量和效果等都无法保证。有的组织甚至只做新员工培训，针对其他人员的培训偶尔有，但不完整、不系统。

当组织的培训管理处于初级管理阶段时，培训工作的重点应该放在员工知识的扩充、素质的提升、士气的激发和心态的调节等方面。这个阶段的培训管理主要是一种员工福利和组织的留人策略。对于这个阶段的培训管理，组织应以培训管理思维的导入为主。

因为培训管理在这个阶段还不成熟，组织内部缺乏有效的培训资源开发和管理方法，组织能够开展的培训工作一般只包括阶段性的新员工培训、员工外派学习、引入外部培训公司或咨询机构等。

组织在培训管理的初级管理阶段，若要考核培训管理的质量，一般适合使用比较基础的指标，比如培训课时、培训人数、培训费用、课程开发的数量、员工对培训的满意度等。

2.1.2 培训管理阶段：全面培训计划

经历过初级管理阶段后，组织培训管理的相关工作将逐渐步入正轨，组织的培训管理将逐渐进入培训管理阶段。在初级管理阶段，组织的培训就好像一个个分散的点，这些点虽然能够在一定的时间和空间内提高某些岗位从业人员的知识和技能水平，但是它们之间的关联性较低。到了培训管理阶段，这些点将被串联成一条线，能够形成完整的培训管理链条，而这条培训管理链条指向组织的战略目标。通过对培训管理链条中缺项的查找和建设，组织能够让培训管理工作开展得更加顺畅和有效。

在培训管理阶段，组织针对关键岗位都应当形成完整全面的培训计划，组织内部应逐渐建立起内训师团队和培训课程体系。组织的培训管理工作开始变得有计划性、目的性、针对性。

在培训管理阶段，组织需要开始构建完整的岗位胜任力模型，根据岗位胜任力模型建立和开发培训课程体系。这个阶段培训管理的作用主要是吸引人才、培养内训师、营造学习型组织的氛围，这个阶段培训管理工作的关键是建立培训课程体系、组建组织的内训师团队、打造培训效果转化系统。

这个阶段对培训管理工作的考核指标与初级管理阶段相比有所增加，组织除了关注每场培训活动的相关指标外，一般还要关注培训计划达成率、计划课程的参训率、内训师的授课次数、培训课程完整度，以及所有培训工作的平均满意度等。

2.1.3 人才培养阶段：能力成长机制

培训管理工作跨越第2个阶段后，将会进入第3个阶段——人才培养阶段。在这个阶段，线性的培训管理和计划式的人才培训与培养方案已经不能完全满足组织对人才能力的要求。组织必须想出一些办法，让组织整体的人才能力和素质得到提升。

在这个阶段，培训管理的线性结构要向平面结构转变。培训管理不仅追求实现组织的短期战略目标，更注重推动组织长远的稳步健康发展。这就需要组织实现人才的全面发展，搭建人才梯队，为后续的发展提供源源不断的人才支持。

这个阶段培训管理工作的重点已经不是简单地按照培训计划，一场一场地搞培训，而是通过一些方法，建立一种机制，激发员工学习和成长的主观能动性，提升组织全员的综合素质与综合能力，为组织上下几乎所有岗位建立起以岗位胜任力模型为导向的课程体系，搭建以战略为导向的人才梯队。

组织的培训管理工作在这个阶段起到的作用是集中管理组织内部的智慧和经验，满足战略发展对人才的需求。在这个阶段，组织做好培训管理工作的关键是要绘制出员工的学习路径图，明确并打通员工的职业成长通道，对管理人才实施领导力培训项目。开展这些关键工作，能促进组织人才能力的主动提升。

比如有的规模比较庞大、管理水平较高的组织，在这个阶段已经建立起了非常完善的培训管理体系，非常明确相应的岗位需要员工具备哪些能力，建议员工学习哪些课程，并且给这些岗位的员工提供一种或几种具体的学习方法和路径。例如E-Learning 学习平台，员工入职后将会得到一个属于自己的账号，只需要用自己的账号登录这个平台就能学习相应的知识或技能。

在这个阶段，除了统一组织的培训外，可以重点利用人才梯队建设中的师带徒模式、E-Learning 平台的学习资料共享中的选修课程等。

在这个阶段，组织对培训管理质量的考核指标可以是员工学习路径的达成率、培训项目的完成率、人才梯队的完善度等。

2.1.4　转型升级阶段：促进绩效改善

在完整经历过前面 3 个阶段后，组织的培训管理将会逐渐进入第 4 个阶段——转型升级阶段。在这个阶段，组织通常已经开始建立或已经建成培训中心，培训管理已经和组织的经营管理紧密连接。培训管理形式逐渐变得战略化、职能化、专业化、系统化、多样化，培训管理已经成为组织绩效提高的有效途径之一。

到了这个阶段，培训管理的定位和作用将会再提高一个层级，培训管理不仅仅是解决微观人才层面的问题，更要能够解决宏观组织层面的问题。培训管理将会成为解决组织面临的发展瓶颈和绩效问题的手段之一，成为能够帮助组织实现战略目标和业务转型升级的有力武器。

在这个阶段，组织实施培训管理的关键是建立绩效改善模型、建立组织内部的"智囊团"、完善培训中心的运营管理、实现资源共享。通常，组织培训管理进入这个阶段后，绩效管理也会相对比较完善，组织已经不仅仅是对绩效指标进行考核，而是把培训管理部门（或者在这个时期叫培训中心）当作一个独立经营的实体机构。

根据战略目标和导向，组织可以考核培训管理部门平衡计分卡中的财务指标、客户指标、内部流程指标、学习与发展指标等 4 类指标。

2.1.5　阶段转化：培训管理发展

培训管理的每个阶段之间的时间跨度一般为 3 年。也就是说，一个原本对培训管理完全没有概念的组织从零开始推行培训管理体系建设，如果持续运行并进展顺利，那么一般经过 3 年的时间，组织的培训管理就可以到达第 2 个阶段——培训管理阶段；再过 3 年，就能达到第 3 个阶段——人才培养阶段；再过 3 年，就能达到第 4 个阶段——转型升级阶段。

当然，这里的3年只是经验数据。因组织的管理基础、管理环境、文化氛围、所在行业、内部人员素质，以及引入的外部管理支持等的不同，上述时间跨度将会有所不同。

有的组织高层管理者外出参观学习回到本组织后，看到别的组织在培训管理的某方面做得很好，或看到别的组织将某个管理理念落实得非常好，就恨不得自己的组织马上变成别的组织那样。有的LD对组织培训管理的阶段演化没有清晰的认识，在开展工作时也会犯同样的错误，有的LD甚至会因此抱怨组织高层管理者在一些管理工作上不支持自己。

制度、流程、方法论、模型等管理工具放到某一个环境中是可用的，但是变换环境后，这些管理工具并不一定可用。这就好比参加骑马比赛的人从赛车比赛中吸取经验是有可能的，因为二者有"竞速"这一相同点。但他同时必须清楚地认识到，二者之间的不同点远比相同点多得多。如果一味地照着葫芦画瓢，结果大概率是"水土不服"。

组织高层管理者对组织的培训管理往往会有较高的要求，有时候这种要求可能会揠苗助长。LD在实施培训管理体系建设前，一定要先评估和明确本组织的培训管理当前处于哪一个阶段。

假如组织的培训管理当前处于初级管理阶段（第1个阶段），但高层管理者期望培训管理能够取得转型升级阶段（第4个阶段）的效果，LD要清楚认识到这是不切实际的。这时，LD要及时与高层管理者沟通，让高层管理者认清培训管理的发展规律。高层管理者有愿景是好的，但不可以想当然。

组织是由人组成的有机体，而不是一个没有生命的无机体。虽然组织不断经营发展，规模不断扩大，管理工作持续推进，但不是某一个人或某几个人有了某个想法，该想法就能够轻易实现的。即便是组织高层管理者，要改变组织的管理模式也不是那么容易的。

组织对于管理模式的适应，同样遵循类似自然界的规律。一口吃不成胖子，一步跨不到天边。组织应该遵循管理的规律、生态演化的规律，不要妄想做一些违反规律的事情。

当组织对培训管理有较大的憧憬，但组织当前的培训管理水平达不到相应要求时，LD可以针对培训管理体系的建设制订一个跨越不同阶段的发展计划，例如以3年为一个台阶逐步发展，并把这个发展计划提报给组织高层管理者。

当组织高层管理者对培训管理体系的建设有足够的认识，并愿意全力投入资源和精力去提升组织的培训管理水平时，如果进展顺利，建设培训管理体系的时间可能会比预期短。

2.2 培训管理体系搭建

搭建培训管理体系不是简单地搞几场培训，也不是实施机械或单一维度的培训管理就能完成的，它是对培训管理有计划、有方法、有目标地进行顶层设计、资源整合和有效实施的过程，能够使员工更好地胜任现岗位的工作，并为担任更高级别的职务做好准备。

2.2.1 搭建准备：生根、发芽、开花、结果

培训管理不是搞几场培训那么简单。

培训管理是组织出于开展业务和培育人才的需要，采用各种方式，对员工进行有目的、有计划地培养和训练的管理活动，旨在让员工不断积累知识、提升技能水平、更新观念、变革思维、转变态度、激发潜能，更好地胜任现岗位工作或担任更高级别的职务，从而促进组织效率的提高和组织目标的实现。

优秀的培训管理体系一般应包括 4 种特征，如图 2-1 所示。

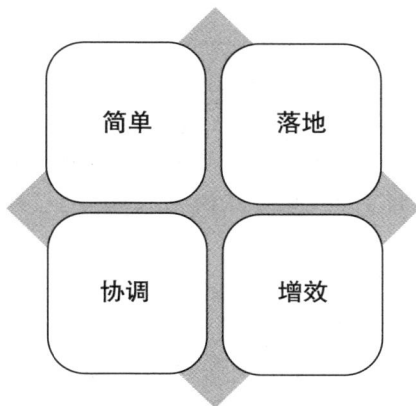

图 2-1　优秀培训管理体系的 4 种特征

1. 简单

优秀的培训管理体系不能过于复杂，应当能够被通俗化地理解和接受。一般来说，组织用人部门各级管理者忙于处理业务，LD 和人力资源部应想方设法节省用人部门各级管理者在培训管理上花的时间，而不是增加他们的培训管理时间。

2. 落地

优秀的培训管理体系一定是能够落地实施的。"高端"从来都不应是 LD 和人力资源部的追求，能否被组织接受、最终能否落地实施，才是检验培训管理体系成功与

否的重要标志。

3. 协调

优秀的培训管理体系要具备整体的协调性。组织和人体一样，只有当所有器官都正常运转时，人体才是健康的。在培训管理体系中，只有各个模块相互协调，高效运转时，培训管理体系才是健康的。

4. 增效

优秀的培训管理体系能够帮助组织提高效率。培训管理体系运转的过程其实是组织内部资源重新配置的过程，组织内部资源配置得越合理，资源配置水平和均衡度越高，组织的运转效率也就越高。

在搭建培训管理体系前，LD 需要提前注意 3 个层面的状况，分别是"空气"、"土壤"和"水分"。培训管理体系就好像一粒种子，这粒种子能不能在组织这个生态环境中生根、发芽、开花、结果，组织中的空气、土壤和水分起决定性的作用。

1. 空气

空气指的是组织各层级关于培训管理体系的观念，包括组织一把手的观念、各部门管理者的观念，以及员工的观念等。在搭建培训管理体系前，LD 需要让组织各层级对培训管理体系具备客观和理性的观念，而不是想当然，要从观念上为培训管理体系搭建做好思想准备。

2. 土壤

土壤指的是组织的环境，包括组织的管理基础、组织的整体氛围、组织的员工关系等。完整的培训管理体系是比较高阶的管理工具，如果组织不具备基本的管理基础，是无法有效搭建培训管理体系的。在搭建培训管理体系前，LD 要判定组织当前的管理基础。

3. 水分

水分指的是培训管理体系的搭建方案，包括方案本身是否符合组织的实际、方案是否能落地、具体方案是否具备可操作性等。对大部分组织来说，不能或没必要一下子搭建整套的培训管理体系，而应当根据组织观念和管理基础有计划、有选择地分步搭建。

2.2.2　搭建原则：搭建培训管理体系的 8 个原则

好的培训管理体系通常是具备整体协调性的、简单的、能够被组织内部理解和接受的管理系统。它不以宏大的目标为追求，而是追求可落地、有效果以及资源配置的高效和均衡。LD 搭建培训管理体系需要遵循如下 8 个原则。

1. 战略性原则

培训管理体系要服务于组织的战略，拥有长期的目标和系统的规划并形成持续运转的制度。培训管理体系除了为当前的经营服务，解决组织目前需要解决的经营问题外，还要有战略性，要反映组织未来的发展和需求，变被动培训管理为主动培训管理。如此，通过培训，员工便能够满足组织变革发展的需要，随时准备好迎接未来的挑战。

2. 针对性原则

搭建培训管理体系是为了提升组织的基础能力和员工在生产经营中解决具体问题的能力，进而提升组织的绩效水平。所以，培训管理体系中的培训项目要有目的性，培训内容要与实践相结合，针对某一具体待解决的问题或者实际的培训需求，培训方法要务实、有效，确保按需施教、学以致用。

3. 计划性原则

要根据培训需求制订培训计划，并保证计划的实施。有了培训计划，LD 能够进一步明确和实现培训目的，从而形成具体的行动路径和方案，使培训工作有章可循、循序渐进、有条不紊。

4. 全方位原则

培训管理体系在内容上要把基础培训、素质培训、技能培训结合起来，在方式上要对讲授、讨论、参观、外聘、委培等多种方式进行综合运用，在层级上要划分并覆盖高层管理者、中层管理者和基层员工。

需要注意，这里的全方位并不代表全覆盖，培训不需要也不可能面面俱到地覆盖每名员工的每个需求。LD 要抓大放小，全方位地考虑。

5. 有效性原则

培训管理体系不能是花架子，培训工作也不能走过场，LD 要针对组织经营管理的需要策划培训的内容、方式，使培训对组织的经营活动产生实质性的效果。为保证培训的有效性，培训结束后 LD 要对培训内容进行考核，对培训效果进行评估，以促进培训工作的持续改善；要确保员工巩固所学，强化员工对所学知识的应用，并定期检查，及时纠正错误和偏差。

6. 重意识原则

思想和意识是人们行为的根源，LD 首先要注重对员工价值观、态度、责任心、思想观念等的培训，使培训有真正打动人心的思想、出色的表达技巧和形式，能引起员工强烈的共鸣，以引导员工做出符合预期的行动，激发员工的学习兴趣和员工的学习动力，变"要我学"为"我要学"。

7. 统筹兼顾原则

LD 要安排好培训工作和日常生产经营活动之间的关系，不能为了搞培训影响正常的日常生产经营。在时间上，培训时间要避开生产经营的高峰期；在培训项目的安排上，LD 要根据组织的能力做出妥善的安排。多个培训项目不应同时进行，LD 要从组织整体出发，综合考虑，分清轻重缓急，使培训工作与日常生产经营两不误。

8. 低成本原则

培训经费和培训效果并不一定成正比，培训经费越多，并不一定代表培训效果越好。LD 要对培训经费做出合理安排，要在保证培训效果的前提下，尽可能减少培训经费，并使培训投入的每一分经费都发挥应有的价值。

2.3 培训管理体系三大层面的建设

2.3.1 体系全貌：培训管理体系三大层面

一套完整的培训体系至少需要包含三大层面，分别是制度层面、资源层面和运作层面，培训管理体系如图 2-2 所示。

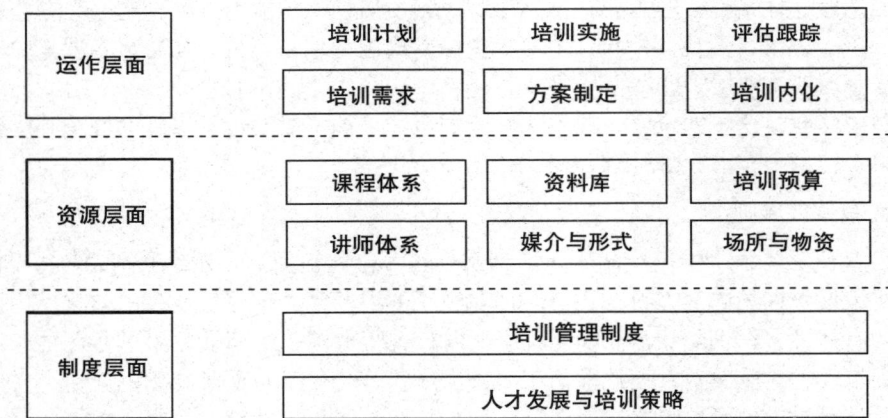

运作层面	培训计划	培训实施	评估跟踪
	培训需求	方案制定	培训内化
资源层面	课程体系	资料库	培训预算
	讲师体系	媒介与形式	场所与物资
制度层面	培训管理制度		
	人才发展与培训策略		

图 2-2 培训管理体系

最底层，也是最基础的层面，是培训管理的制度层面，这是指组织基于自身战略制定的人力资源规划中关于人才发展与培训的纲领性政策或导向性思路。

中间层是培训管理的资源层面，这是指组织内部为使培训策略和制度有效实施所需具备的可调配或可以使用的资源。

最上层是培训管理的运作层面，这是指组织在贯彻培训策略，使用各种培训资源的过程中，为了保证培训能够有效、有序进行所需采取的一系列关键行为。

若 LD 在评估组织培训管理体系的质量时，发现组织当前培训管理工作有缺项，就说明组织当前的培训管理体系是不完整的。组织当前的培训效果或效能有问题很可能就是因为培训管理体系不完整。

培训管理体系的三大层面相互作用、共同发展。完整的培训管理体系是保证人才培养与培训系统完整的必要条件，是培训持续有效运转的重要保障。培训管理体系还不完善的组织，需要不断地完善三大层面。

2.3.2　制度层面：9类制度内容的设计

组织有了人才发展与培训策略，相当于有了培训管理工作的指导方针，培训管理工作就有了相对明确的方向，接下来就需要有培训管理制度的支持。

培训管理制度是培训工作专业化、规范化、流程化的前提，是提升全员素质，保证全员达到岗位要求的能力水平，打造优秀的员工团队，建设学习型组织，增强组织核心竞争力的有力保障。

很多组织都有培训管理制度，就算没有，照搬其他组织的培训管理制度，稍做修改，也能够形成自己的培训管理制度。但这些组织即使实现了培训管理制度的从无到有，组织的培训管理也很难落地。因为培训管理不仅是有没有培训管理制度的问题，还与培训管理制度是否适合、是否科学、是否完整、是否有效有关。

培训管理制度其实就是组织实施培训管理的规则。在实施培训管理前，组织要事先把一切规则都想明白、列明白、讲明白，后续的一系列培训管理工作才可能很好地开展。所以，培训管理制度一定要涵盖培训管理的资源层面和运作层面的所有工作，主要包含的内容如下。

1. 培训机构与职责

培训机构与职责是指组织的培训机构和各参与方的具体职责。组织要执行人才发展与培训策略，就必须建立科学有效的培训机构，并且确定各参与方的角色定位和职责。在明确了与培训机构和培训管理相关的岗位职责后，LD才能有效开展工作。

2. 培训对象和培训形式

这部分内容要详细地规定针对什么样的员工，由谁提供什么样的培训，以及如何提供。组织要根据自身的特性、所处的培训管理阶段和各部门的需求等实际情况，选择合适的培训形式。

例如组织可以规定人力资源部负责新员工培训、外出培训等的组织和实施工作；各部门、各分支机构负责做好部门内部的培训工作，培训形式可以更加灵活，例如授课式、视频式、讨论式、情景模拟式等多种形式。此外，人力资源部负责配合并督促指导，保证各项培训计划顺利完成。

3. 培训计划管理

这部分内容要详细规定组织应该有多少种培训计划，什么时候开始实施，由谁来实施，培训计划的编制规范是什么，以及完成编制的培训计划应执行怎样的审批流程。

4. 培训资源管理

这部分内容要规定培训讲师要如何开发、如何培养、如何管理，培训课程要如何开发、如何更新、如何管理，培训场所和物资要如何开发、如何管理，培训的资料库要如何更新、如何管理。

5. 培训实施管理

培训实施管理指的是组织为了更好地实施培训而做出的各项管理规定。其中包括培训组织人员的纪律管理、培训档案管理、培训课堂中培训学员需要遵守的纪律、培训的实施流程、培训期间的考勤管理等。

6. 培训评估管理

培训评估管理要规定组织可以包含的培训评估方式都有哪些，还包括针对不同的培训类型和培训目的，组织应当采取什么样的培训评估方式，要如何实施这些培训评估方式，以及培训评估的结果该如何应用，等等。

7. 培训协议管理

组织经常会开展一些成本较高的培训，并选择某些员工参加这类培训，目的是让员工能为组织长久创造价值。在这部分内容中，组织要规定开展什么样的培训时，组织需要和参训员工签署什么样的培训协议；在什么样的条件下，员工的服务期是多长；员工违反培训协议时，要承担什么样的违约责任。

8. 外派培训管理

这部分内容需要规定组织可以开展的外派培训的类别，选择外派培训员工的标准，外派培训申请和审批需要经过的流程，员工完成外派培训后需要如何转化，等等。

9. 培训费用管理

这部分内容需要规定培训费用都有哪些分类，培训费用预算是怎么制定出来的、由谁制定的、由谁审批，培训费用的使用原则是什么，培训费用的支付、报销和审批流程是什么。总之对于培训管理涉及的一切费用，都可以在这部分内容中做具体的规定。

培训管理制度如果存在缺项，则不能作为培训管理体系的基础。以上9点是培训管理制度包含的内容的简介。在实际操作中，LD可以根据组织的实际情况自行增减内容。

培训管理制度不仅要全面，而且要有效。其有效的前提是培训管理能够和员工的利益紧密关联，比如，把培训的参与程度与员工晋升相联系、将担任内部讲师与员工福利和荣誉相联系等，以保证培训的顺利进行。

2.3.3　资源层面：6 类资源管理模块

培训管理的资源层面包含较多的管理模块，不同的管理模块有不同的含义、功能和作用。

资源是管理行为的基础，项目要正常开展，离不开资源的支持。培训管理的资源层面正是为使组织培训有效实施和落地提供各种资源上的支持。

培训管理资源层面包含如下管理模块。

1. 讲师体系

讲师体系指的是在培训管理中，对培训讲师的开发和管理。讲师体系管理模块探讨的内容包括从哪里获取培训讲师，如何选拔培训讲师，如何开发和培养培训讲师的能力，如何激励培训讲师，如何管理培训讲师，等等。

2. 课程体系

课程体系指的是在培训管理中，对培训课程的开发和管理。课程体系管理模块探讨的内容包括如何开发培训课程，如何定期更新培训课程，如何管理培训课程，等等。课程体系的建设应首先保证关键岗位员工的课程体系是完整的。课程体系要从职位设置的纵向和横向两个方面设计。

3. 媒介与形式

媒介与形式指的是培训可以用到的传播媒介和适合的培训形式。媒介与形式管理模块探讨的内容包括培训可以通过怎样的媒介进行传播，组织可以采用的培训形式有哪些，不同的培训形式对应的培训类型有哪些，等等。

4. 资料库

资料库与课程体系有不一样的功能和定位，它指的不是组织的档案资料室，也不是指培训档案的存放处，而指的是在组织中有价值的、能够被组合或加工后转化为培训课程的原始资料体系。

5. 场所与物资

场所与物资指的是培训需要的场所资源和物资资源。场所与物资管理模块探讨的内容包括组织可以用来开展培训的场所都有哪些，不同的培训场所适合开展什么类型的培训，组织拥有哪些开展培训需要的物资，如何管理这些培训物资，等等。

6. 培训预算

培训预算指的是组织为培训管理提供的可支配的资金资源。LD 在管理培训预算模块时需要注意，不能被动地等着组织提供资金，以一种组织出多少资金就办多少事的态度做事，而应当根据培训的需求，提前筹划培训资金的使用，提前做好各项目的预算，提前和组织相关管理者沟通。

2.3.4　运作层面：6个运营管理模块

若组织培训管理的制度层面和资源层面比较完善，培训管理仍有问题，或培训没有效果，大多是因为运作层面出现了问题。运作时，如果不采取一系列有效措施，培训管理的实施将是不完整的。

培训管理的运作层面包含如下管理模块。

1. 培训需求

培训需求管理是对组织内什么样的人需要什么样的培训等信息进行了解、加工、处理并形成管理决策的过程。

组织层面的培训需求调查一般是在每年11月底之前，由人力资源部、各部门的LD对培训需求进行客观、准确、细致、全面的调查分析，并统一汇总至总公司人力资源部。LD对培训需求进行分类汇总，对于共性的需求，由人力资源部统一组织组织级别的培训；而对于某个部门的个性需求，则由子公司或部门的LD自行组织部门培训。

2. 培训计划

培训计划是LD了解了组织的培训需求后，在考虑了组织战略、人力资源规划和策略，以及现有的培训资源的情况下制订的。

LD一般应在每年12月底前制订下一年度组织级别的培训计划，并且要报组织一把手审核批准后执行。各部门要参考组织级别的培训计划，在12月底前制订本部门的培训计划，由部门负责人审核批准后，交人力资源部备案。

培训计划需反映参训部门的实际情况，详细具体、切实可行，并明确每次培训的培训对象、培训主题、培训时间、培训负责人、培训讲师等，以确保分工明确，使培训顺利开展。

培训计划一旦通过，就要严格执行，并根据实际需要及时更改。人力资源部组织的培训要以书面形式通知各参训部门，参训人员需要按时参加，并且严格执行签到制度。各部门组织的部门培训需要至少提前几天通知人力资源部，以便人力资源部定期对各部门培训计划的执行情况进行跟踪。

3. 方案制定

培训方案是培训活动具体实施时参照的依据。在组织整体和各部门的培训计划经审核确认并批准通过后，LD要根据每一次培训的目的和预期效果的不同，制定有针对性、具体、可操作、可执行的培训方案。

4. 培训实施

培训正式实施时，LD要做好实施前的准备、实施过程中的组织协调和实施后的总结。很多培训管理体系不完善的组织，实施培训时大部分的工作都放在了培训实施前、中、后这些操作环节。

5. 培训内化

培训内化管理是 LD 帮助参训人员把从培训中获得的信息内化为自身的知识、技能、观念等的过程。这主要是通过在培训过程中或培训结束后，LD 保证参训人员持续运用从培训中获得的信息来实现的。

6. 评估跟踪

评估跟踪是指培训结束后，LD 跟踪和评估参训人员对培训信息的掌握程度及培训内容的落地程度。具体的实施方式包括培训结束后的满意度调查、培训前后的行为改变调查、培训后的行动计划和结果的评估、培训前后的绩效改善情况调查等。培训内化与评估跟踪两个管理模块可以合并。

2.3.5　体系建设：对缺项的补充

人力资源部在评估组织培训管理体系的建设质量时，若发现组织培训管理体系有缺项，可以进行补充。

在这种情况下，人力资源部可以使用培训管理体系建设项目进度表，如表 2-1 所示。

表 2-1　培训管理体系建设项目进度表

建设层级	建设模块	当前问题	达成目标	行动方案	输出内容	需要资源	完成时间	负责人	管理部门	备注
制度层面										
资源层面										
运作层面										

上表集合了项目管理（Project Management）的知识和要素，操作实施中的步骤包括计划、组织、领导、协调、控制、评价六大环节。这 6 个环节形成一个完整的闭环，在实施中不断改进与提升。

上表中的"行动方案"处一般填写的是工作内容，这可以让所有相关人员明确将要"做什么"。如果待完成的工作内容繁杂，则人力资源部可以把工作内容进一步细分成大类、中类、小类或更细致的类别。

项目的推动还要有"输出内容"，这是工作内容完成后的具体交付形式。输出内容应当是具体、可见、完整的事件或文件。有些管理较严格的组织，对输出内容有质量评价。根据习惯的不同，质量评价结果可以按 A、B、C、D 分类，也可以按优、良、中、差分类。

项目推进过程中必不可少的要素是"需要资源""完成时间""负责人"。对成本或经费有要求的组织，可以在上表中加入"项目计划费用""实际产生费用"等。

人力资源部在推进培训管理体系建设时，应遵循3个步骤，如图2-3所示。

| 统筹规划 | 分步实施 | 及时调整 |

图2-3 推进培训管理体系建设的3个步骤

1. 统筹规划

培训管理体系建设是一项系统的工程，项目的实施是一个统一的整体，如果只做好某一项或某几项，可能难以达到当初预期的效果。

2. 分步实施

培训管理体系建设不可能一蹴而就，组织中其他人的理解和适应需要时间，具体建设时，也需要有先后顺序。这就需要人力资源部持续按照计划、组织、领导、协调、控制、评价六大环节不断实施宣导，不断执行，坚持推进。

3. 及时调整

任何计划都不可能一成不变，如果遇到下面的情况，人力资源部需要及时对计划做出调整。

（1）外部政治、经济、法律、技术等环境发生变化，造成组织战略发生重大变化。

（2）组织内部出现较大的人事变动，造成组织机构、组织文化的重大变化。

（3）组织的资源条件、财务状况、经营方针等出现较大变化。

在推进培训管理体系建设的过程中，人力资源部要注意以下3个事项。

1. 人是最关键的要素

任何项目都是由人与人之间的相互支持和协作来推进和完成的。有时候人多了，相互之间的沟通难免出现很多问题。例如由于双方的文化、知识、语言、经验、能力等的差异，可能会造成沟通不畅、相互不理解，甚至彼此仇视等问题。

而这些沟通问题总是会在项目进行过程中不经意地出现，通常会贯穿项目的始终。有时候不理会，项目就无法继续进行；有时候看似一片祥和，其实只是问题还没有爆发，而问题一旦爆发就可能对整个项目造成较大影响。

有时候人力资源部需要充当"润滑剂"，缓和各方的矛盾；有时候需要做一个"过滤网"，把负面情绪排除在团队之外；有时候需要做一个"打气筒"，当员工懈怠和松散的时候给他们加油、打气；有时候需要做一个"天平"，平衡各方的利益；有时候需要做一个"路标"，为员工指明前进的方向。

2. 选择合适的工具和方法论

世界上没有哪种工具和方法论是放之四海皆准的。

甲之蜜糖，乙之砒霜。面对不同组织、不同环境、具有不同素质和背景的团队、具有不同观念的管理者，培训管理体系建设的计划内容、工作顺序、推进方式、可能变化、沟通手段等都会大不相同，不可一概而论，用到的工具和方法论因地而异、因时而异、因人而异。

3. 向成功的项目取经

人力资源部在推进时，一方面可以借鉴优秀组织、标杆组织或咨询组织的实施经验；另一方面也可以不局限于人力资源管理领域，而向任何其他成功的商业项目、政府项目等具备培训管理内核的项目学习。

项目多种多样，虽然很多项目表面上看起来各不相同，但在某一个部分也存在着可以借鉴之处。学习、总结并将不同项目的亮点进行关联和融合，在提高知识水平、拓宽眼界的同时，对实际工作也有重要的指导作用。

🔗 前沿认知
培训管理关键在行而非知

德鲁克（Drucker）说过："管理首先是一种实践，所有的理论必须经过实践的检验才能为大众所接受。管理的精髓在于行，而不在于知。"培训管理同样如此。

传统的观念认为，培训效果好不好取决于参训人员认知的变化。但如何判断参训人员认知的变化呢？

传统的做法是在培训结束后，考察参训人员对培训过程中传递的新理念、新知识或新技能的掌握程度，所以很多组织都会在培训结束后设置考试或情景模拟等环节。然而，通过这种方式检验培训效果事实上并不完全准确。

因为即便参训人员能够把培训过程中传递的所有信息全部接受，但当他回到工作环境中后，他可能会受到工作条件、工作环境、工作流程等各类因素的影响而没有办法把获得的信息应用于实际工作中，那么培训最终仍是没有效果的。

培训管理的关键在于行，也就是在进行培训管理的时候，要把管理的着眼点放在如何应用上，而不是放在如何传递信息上。

培训管理是一个由不知到知，再由知到行的完整过程。培训不是单纯的接受，培训的结果是学以致用，在行中寻找知，再由知到行的知行合一。

疑难问题
培训管理体系搭建常见问题

搭建培训管理体系是一个完整的管理项目，它不像购买一件商品那么简单。再成功的管理项目，在搭建的过程中也会出现各种各样的问题。

培训管理体系搭建过程中最容易出现的问题包括以下 4 个。

1. 不重视战略

很多组织搭建培训管理体系的重点局限在培训的需求判断、计划制订、执行实施和评估落地上，而这些其实是培训管理体系运作层面的内容。培训管理体系的搭建应该以实现组织的战略目标为出发点。从组织战略发展，而不是从机械地传授知识和技能的角度制定人才发展与培训策略，才能培养出符合组织战略的人才。

2. 放错了工作重心

有的组织把培训管理的工作重心放在了追求课堂效果上，忽视了培训后的知识应用和绩效改善；有的组织把培训管理的工作重心放在了课程选择上，忽视了课程体系建设；有的组织看重培训管理的短期目标，忽视了培训管理的长期目标；有的组织重视员工个体技能水平的提升，忽视了组织整体绩效水平的提升。

3. 看不清差异

不同类别、不同性质的组织的培训管理体系的侧重点是不同的。完善有效的培训管理体系的搭建是从组织自身的特点和需求出发，最大限度地令员工的能力与工作相匹配，最终有效达成组织业绩目标的系统化过程。

要想完善培训管理体系，需要全面研究培训管理体系中各要素的功能结构的含义及各功能结构之间的关联；需要按照系统性的思维、原则和要求，让培训管理体系中的各要素能够实现合理的配置，充分发挥各要素的功能，最终实现培训资源的优化配置。这样才能在不同类别的组织内营造持续学习的工作环境，打造学习型组织。

4. 观念有问题

有的组织搞培训只知道"低头走路"，不知道"抬头看天"；有的组织不会做计划，不会做评估，不会做改进；有的组织认为效益好时不需要做培训，有的组织认为效益差时没资金做培训；有的组织认为高层管理者薪酬水平高，不需要培训；有的组织认为培训是单方面的成本支出，培训了的员工总会离职，不如干脆不做培训。

🔍 疑难问题
各部门管理者和员工不重视培训怎么办

如果各部门不重视培训，培训管理同样是做不好的。培训管理从来都不是培训管理者一方孤军作战就能够完成的，要做好培训管理，需要组织上下的共同努力。

培训的重要性在理论层面几乎人尽皆知，可到了实际运行层面，培训总会遇到各种各样的障碍。有的是各部门管理者不重视人才培养与培训，从来不把这件事当成一项重要工作来看待；有的是员工的直属上级不重视人才培养与培训，总以员工手头有工作为由阻挠员工参加培训；还有的是员工自己不当回事，怠于参与培训。

那么，怎么解决各部门管理者和员工不重视培训的问题呢？

1. 组织一把手深度参与

在组织中，组织一把手亲自参与的管理工作往往开展得比较顺利。LD 不仅要争取到组织一把手（总经理或最高管理者）的支持，而且要让组织一把手亲自参与到培训管理的实施中来。

这也是为什么很多实际在培训中心主持和负责工作的 LD 能够晋升的最高职位往往是副职，因为正职是留给组织一把手的，这能保证组织一把手参与到组织的人才培养工作中来。

当然，这里的参与不能仅是名义上的参与，组织一把手还必须实际参与和承担一部分工作。组织一把手要起到模范带头作用，不仅是大会小会上的用嘴说，关键还要有行动。这里的行动是指组织一把手要真正为人才的培养与培训做点什么。

例如组织文化、组织发展历程、组织精神、组织战略这类课程由组织一把手亲自讲授。另外对于组织中部分核心人员在培训后态度、行为改变的评估，也需要组织一把手参与一部分的面谈或调研工作。

组织一把手参与部分课程的讲授、培训的评估落地，能够给组织整体的人才培养与培训创造良好的文化氛围并形成行为指引，各部门的管理者和员工将会顺应这种氛围和指引，开始逐渐从思想意识上重视培训。

同时，组织一把手的参与也有利于其对培训管理工作深入了解，落实人才培养与培训工作，提升组织的培训管理水平。

2. 利益驱动和适度强制参与

有时候 LD 再努力，也比不过组织中的各部门管理者和员工看到通过培训可以获得的利益后，自动自发提供的支持。这里的利益，指的不是金钱上的短期收益，而是员工能力提升后为员工本人、员工直属上级和部门管理者创造的长期利益，这关乎人才培养与培训的底层逻辑。

除了用利益激发主观能动性外，LD 还可以采取适度强制参与的策略，如利用管理制度，让各部门的管理者或员工必须参与培训。这里的适度强制参与，应在一定程度上有组织一把手的支持。

适度强制参与策略的实施包含以下3个层面的内容。

（1）定义部门管理者为本部门人才培养与培训的第一责任人，其必须积极地推进本部门的人才培养与培训工作，并将该工作列入日常的工作计划和绩效管理。人力资源部将定期检查完成情况，对各部门管理者在培训管理方面的工作质量给予评价。

（2）把各部门管理者也作为培训课程的讲师，培训讲师的名单可以由组织一把手亲自拟定，具有一定的强制性。人力资源部帮助各部门管理者形成系统的培训课程，并检查和评估培训课程的质量，不断完善课程内容。

（3）各部门管理者在日常工作中对员工的培养、培训要形成完整的记录，相关记录每个月呈报给组织一把手。该记录也可以和部门的工作计划与绩效管理联系在一起。

3. 机构和岗位设置

在各部门设立兼职LD也是一种保证各部门培训管理工作落实的方式。

兼职LD在做好本岗位工作的前提下，负责本部门的培训需求调查、部门内部培训计划的制订与上报、部门内部培训的组织与实施及培训后的评估与跟踪，并配合开展组织级别的培训。设立兼职LD旨在保证组织及各部门的培训工作有专人负责。

因为该岗位是兼职岗位，为了保证员工能够履行这个兼职岗位的职责，人力资源部可以给履行这一岗位职责的员工设置一些物质层面的奖励。

需要注意的是，因为实战中大部分兼职LD的人选都是由部门管理者指派的，他们平常受部门管理者的管理。在这种情况下，人力资源部要想办法保证兼职LD起到监督和检查部门管理者的作用。

人力资源部要做好对兼职LD的培训和监督检查工作，对该岗位设置非常清晰明确的检查考核机制及准入淘汰机制。人力资源部本身要勤勉，不能觉得有了兼职LD，自己在部门培训管理方面的工作就高枕无忧了。

除监督和检查外，人力资源部还可以定期召集各部门管理者和兼职LD开展以人才培养与培训为主题的交流研讨会，同时定期邀请组织一把手参加，并在这一过程中广泛征求意见，在评估、改进组织培训管理工作的同时，再一次促进组织各方的参与。

第3章
培训需求与培训计划

许多组织在开展培训前，不知道该给员工培训什么。有的组织是市面上流行什么就培训什么，有的组织是遇到什么问题就培训什么，还有的组织是人力资源部有能力组织什么就培训什么。这些培训都没有建立在需求分析的基础上，虽然消耗了很多资源，但是无法取得组织需要的结果。

3.1　培训需求分析

培训需求分析是组织在设计与规划每个培训活动前，对各部门及其员工要达到的目标、需要掌握的知识和技能等与现状之间存在的差距进行的系统分析、鉴别，以确定是否需要进行培训或需要进行什么样的培训的管理活动。

3.1.1　找准需求：培训需求是怎么来的

LD 只有挖掘出真正的培训需求，才能对症下药，使培训达到最佳的效果。LD 要准确找到培训需求，可以参考如下公式：

需求 = 期望 – 现状

这个公式是培训需求分析的核心公式。通过这个公式，LD 应当能够清楚培训需求分析到底要分析什么。培训需求分析是找出组织、部门、员工或组织高层管理者、各部门管理者及员工个人的期望与现状之间的差距。

期望是想要达成的状态，现状是当下真实的状态。

有了这个公式就可以明确需求了吗？

还不够，LD 还需要对需求进行复盘和验证。

如何做呢？我们来看一位女士减肥的例子。

减肥是一件既简单又麻烦的事。简单，一是因为产生减肥的念头容易；二是因为原则简单，只需要"管住嘴，迈开腿"。麻烦，是因为减肥的过程比较艰难，许多人坚持一段时间后就放弃了。但从本质上看，减肥麻烦是减肥者的目标和方法有问题。

有一位女士觉得自己体重较重，想要减肥。

这时候，这位女士的期望是更轻的体重，现状是觉得自己体重比较重。

需求明确了吗？

没有！因为减肥并不是一个明确的需求，这位女士想要减多少重量、怎么减，都不明确。

这位女士现在的体重是 140 斤，她想在 3 个月后把体重减到 100 斤，那么 3 个月的时间和体重由 140 斤减到 100 斤就是这位女士的目标。

这样需求就明确了吗？还没有。

3 个月内，体重由 140 斤减到 100 斤这个目标科学吗？会不会对身体有害？

根据身高质量指数（Body Mass Index，BMI），这位女士减到 110 斤已经是她的身高对应的健康体重的最低值了，体重低于 110 斤对这位女士来说就是不健康的。

为了保证自己的健康，这位女士决定将目标设置得比健康体重的最低值高一些：3 个月内，体重从 140 斤减到 120 斤。可是，这个目标就科学了吗？不一定。

这位女士后来咨询了减肥方面的专家。专家给她的建议是，3 个月内减少 20 斤体重对身体不健康。另外，减肥是一件需要长期坚持的事，就算 3 个月内用尽各种方法减了 20 斤，但生活方式没变，体重迟早会反弹。所以，这个目标也不科学。

科学的减肥不应该只关注体重，更要关注生活方式的改变。如果只想在短时间内减肥，断食、吃减肥药、做抽脂手术都可以达到目标。当然，这些都是不健康的减肥方法，为了减肥搞坏身体，得不偿失。

专家建议，不如把减肥目标设置成用 6 个月的时间，养成一种良好的生活习惯，在这期间，自然就能减重 20 斤。好的生活习惯不仅能让人长期维持健康体重，还能让人保持身体健康。

这个生活习惯包括两部分：第一部分是每周 2 天轻断食，这两天减肥者在 6 小时内只能摄入热量低于 500 大卡（1 大卡 ≈ 4.19 千焦，后同）的食物；第二部分是每天跳绳 10 分钟。轻断食是为了控制能量摄入，每天跳绳是为了增加能量输出。

轻断食 ≠ 断食。根据英国医学博士迈克尔·莫斯利（Michael Mosley）的研究，轻断食是一种健康的减肥方法。轻断食不仅可以减肥，而且可以激发大脑、心脏、肝脏等人体各器官的潜能，增强细胞的自我修复能力，起到增强记忆力、控制血糖和血压、逆转前期糖尿病、减少关节炎等作用。不仅如此，轻断食对预防和治疗帕金森病和阿尔茨海默病都有一定作用。

于是，这位女士根据减肥需求，制订了详细的减肥计划。

刚开始接触轻断食的人比较难坚持执行，可以循序渐进。这里引用中国医学科学院阜外医院心脏康复中心副主任医师冯雪给出的一个为期 6 个月的轻断食习惯养成方案。

第 1 个月，每周只有 1 天轻断食，轻断食这一天可以吃 1 000 大卡的食物，从上午 8 点到下午 6 点，10 个小时内吃完。

第 2 个月，每周 2 天轻断食，轻断食期间每天还是吃 1 000 大卡的食物，进食时间缩减到 8 个小时。

第 3 个月，还是每周 2 天轻断食，轻断食期间每天吃 750 大卡的食物，进食时间缩减到 6 个小时。

第 4 个月，每周 2 天轻断食，轻断食期间每天吃 500 大卡的食物，进食时间还是 6 个小时。

之后按照第 4 个月的模式，再坚持 2 个月。

从上述减肥案例中，LD 能够看出培训需求分析的整个流程。从最初的提出需求到测量需求、分析需求，再到确认需求，这就是培训需求分析的过程。不是只要需求被提出来，组织就一定要满足，组织一定要通过培训需求分析来确认培训需求。

3.1.2　量化需求：让培训需求看得见

在组织中进行培训需求分析，LD 要先了解组织高层管理者、各部门管理者及员工个人的需求，然后通过一些管理工具，把这些需求量化，让这些需求具备可实施性和可操作性，并且在未来能够被测评。接着，LD 要对培训需求进行具体的分析，并进行相应沟通，最终形成明确的需求。

[举例]

某生产制造企业的某个车间内，某工序当前工人的生产效率是平均每天生产 100 件某产品。该企业的生产经理期望在 1 个月内，把这个工序中所有工人的生产效率提升到平均每天生产 120 件该产品。

该企业的 LD 经过调研发现，该生产经理提出这个目标并不是没有依据的。在该工序中，有一部分工人甚至每天最高可以生产 150 件该产品，而生产效率的差距不仅和工人的熟练程度相关。

LD 通过调研发现，生产效率的差距主要与工人的作业方法和流程直接相关。而这种作业方法和流程是能够被工人快速掌握的，并且有可能在 1 个月的生产实践中经过不断练习、实操，内化成工人的习惯。

这时候，该培训需求就比较明确了——在 1 个月内，将该工序中所有工人的生产效率由平均每天生产 100 件该产品提升到平均每天生产 120 件（平均每天多生产 20 件该产品）。

3.1.3　注意事项：问题、内容和对象

就算完全理解了 3.1.1 节中减肥案例的精髓，在实践操作环节，培训需求分析也还是很容易出问题。为了精确地进行培训需求分析，LD 需要注意以下 3 个方面的问题。

1. 找问题

培训需求分析要求 LD 找出组织、部门或员工待解决的核心问题，找到他们期待达成的目标、期望取得的效果。找问题相当于找病根，这样才能对症下药。

2. 定内容

定内容是 LD 通过对问题的查找，确定和分析哪些事项是可以通过培训解决的，哪些事项是无法通过培训解决的。LD 可以从态度、知识和技能 3 个层面定内容。

这里需要注意，培训并不是什么问题都能解决，比如不是所有的态度问题都能通过培训解决，不是所有的技能问题一定需要通过培训解决。同样，对于不同的员工来说，有的员工接受培训后就能够提高工作效率，有的员工却不能。

3. 定对象

LD 确定要解决哪些问题，需要哪些人接受什么样的培训和学习后，接下来就要搞清楚这类参训人员有什么样的共同特征，如个性、能力、风格、态度等。

另外，一些其他的培训辅助信息，比如培训的时间、培训的地点、培训的方式等都需要 LD 在分析培训需求时一并考虑清楚。

3.2 培训需求查找

组织中的培训需求分析可以分成 3 个层面——战略层面、任务层面和个人层面，分别对应高层管理者、中层管理者和员工的培训需求。

战略层面更关注组织战略、发展目标和组织文化等组织顶层的需求，任务层面更关注业绩结果、具体问题和具体工作等承上启下的需求，个人层面更关注员工的个人发展、遇到的困难、个人兴趣等员工个体的需求，如图 3-1 所示。

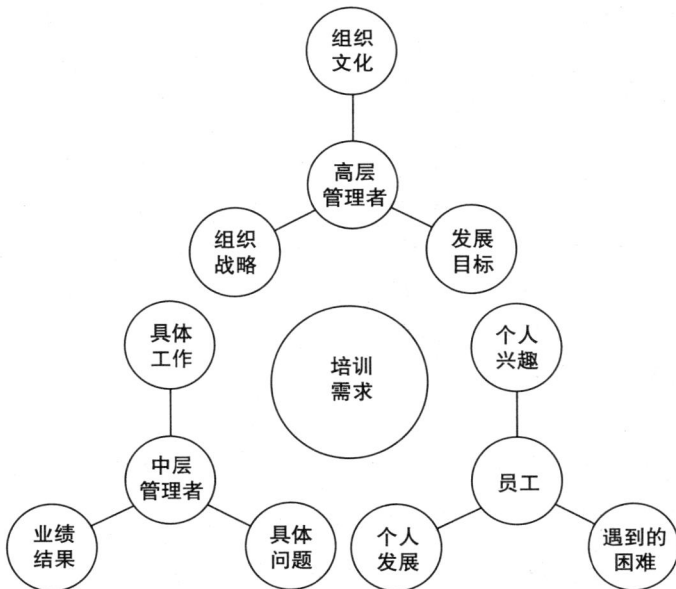

图 3-1 培训需求分析的 3 个层面

3.2.1　需求分析：3个层面的常见作用

培训需求分析3个层面的常见作用如表3-1所示。

表3-1　培训需求分析3个层面的常见作用

层面	常见作用		
战略层面	确定培训目标	针对培训需求	了解工作任务
任务层面	获得中层支持	提供评估依据	避免浪费资源
个人层面	了解员工态度	了解能力差距	了解员工信息

1. 战略层面的常见作用

战略层面的需求也叫组织层面的需求。它指的是把握组织整体发展方向的高层管理者为实现战略发展目标，对组织关键部门、关键岗位、关键能力等方面的培训需求。当这个层面的培训需求得到满足时，组织的战略发展能够得到保障。

（1）确定培训目标

确定培训目标能够帮助LD了解组织层面的具体需求，明确要解决的问题。

（2）针对培训需求

针对培训需求能够帮助LD有针对性地解决问题，而不是盲目地搞培训。有的培训可以给员工传递知识，有的培训能帮助员工提升技能水平，每一种培训的效果不一样，LD要根据培训需求有针对性地开展培训。

（3）了解工作任务

了解工作任务是让组织的高层管理者了解培训管理工作的具体任务。LD通过培训需求分析，把组织的高层管理者拉进培训项目设计工作中，让他们能够审视、了解当前组织的需求，而后LD可以充分听取他们的意见，确认培训需求和行动方案。

在这个过程中，LD通过和组织的高层管理者进行充分的接触和沟通，增进了高层管理者对培训管理工作的理解与支持。

2. 任务层面的常见作用

任务层面的需求也叫绩效层面的需求、部门层面的需求或中层管理者的需求，它指的是与岗位绩效水平提升直接相关的培训需求，这个层面的培训需求分析的重点是判断员工目前是否胜任岗位。当这个层面的培训需求得到满足时，各岗位的绩效水平能够得到保障。

（1）获得中层支持

组织的培训管理要想取得成功，除了获得高层管理者的支持外，还要获得中层管理者的支持。这同样是因为培训需求分析过程中LD与中层管理者进行了充分沟通和交流，中层管理者能够了解并参与培训需求分析的全过程，明白组织开展培训的目的。

若中层管理者能真正感受到LD是真心实意想帮助他们解决部门工作中的实际问题，同时中层管理者也希望自己部门的管理问题能够得到别人的帮助，所以自然会支持 LD 后续为了帮助自己部门而开展的一系列培训工作。

（2）提供评估依据

培训评估的一个重要环节是制定评估标准，培训需求分析能为培训评估标准的制定提供有用的资料。LD 通过培训需求分析可以了解中层管理者的期望、员工的现状，再和培训后的情况进行对比，培训效果就显而易见了。

培训需求分析也能帮助组织收集大量的资料，如组织的工作流程图、各岗位工作流程、典型工作案例等。这能为后续的培训项目设计提供重要的数据和参考，能够为后续的培训评估提供方法。如此，培训也能够更贴近部门实际，能够更具针对性地解决实际问题，对员工工作方式的改善更有帮助。

（3）避免浪费资源

LD 找准培训需求，就能够让培训更有针对性、更加有效、更加精准，避免不必要的人力、物力的浪费。

3. 个人层面的常见作用

个人层面的需求也叫个人职业发展层面的需求，它指的是个人的培训需求。当个人层面的培训需求得到满足时，岗位绩效水平能够有一定的提升，更重要的是，员工个人的职业发展、能力提升等也能得到一定的助力。

（1）了解员工态度

培训需求分析是 LD 和员工深度接触的好机会，LD 和员工充分沟通时，不仅可以做培训需求分析，还可以了解员工的工作态度、工作状态、对组织的看法等。这一过程可以和组织定期开展的员工面谈或员工关怀活动相结合。

（2）了解能力差距

LD 能够了解到不同员工当前的实际能力水平和期望通过培训达到的能力水平之间的差距，并记录下来，为培训提供数据和信息支持。这一过程可以和员工的岗位能力评估相结合。

（3）了解员工信息

LD 如果没有深入了解过员工信息，可以通过这个机会了解员工的个人基本信息，如兴趣爱好、家庭情况、职业期望等，这些信息对组织培训很有价值。这一过程可以和员工的职业生涯规划面谈相结合。

3.2.2　分析方法：8 种培训需求分析方法

很多人一谈起培训需求调研，第一时间想到的方法就是问卷调查法。LD 可先制作一份培训需求调查问卷，然后把这份调查问卷发给所有人，再根据回收的调查问卷进行信息整理，得到培训需求调研结果。这种通过培训需求调查问卷得到的结果因为包含大量的数据信息，LD 往往能据此做出一份非常漂亮的培训需求调查报告。

但 LD 如果只用这一种方法为组织做培训需求调研，有效性较差，而且往往解决不了组织最根本、最迫切的问题。在培训需求分析的 3 个层面中，战略层面的培训需求分析是最重要的。可实际操作时，培训需求调查问卷通常很少能够发到组织的高层管理者手中。即便发到手中，他们通常也不填写。即便他们填写了，LD在统计的时候也很少会单独分析高层管理者的意见。所以，培训需求调查问卷往往都是员工填写，但员工的问卷填写质量很难保证。

LD只有全面调研3个层面的培训需求，才能说培训需求分析工作做到位了。根据培训需求分析3个层面关注的侧重点不同，培训需求的分析方法也有所不同。

战略层面的培训需求信息往往来源于组织高层管理者。想获取这类信息，LD可以在条件允许的情况下参加组织的高层会议或直接与组织高层管理者面谈。如果这种机会比较少的话，LD可以通过研究组织战略相关的重要文件、重要会议资料、重要咨询文件、纲领性文件等档案资料来获取相关信息。

任务层面的培训需求信息一般来源于组织中层管理者。想获取这类信息，LD可以采用小组访谈法、绩效分析法、工作观察法、关键事件法、经验判断法等方法，或参考各部门的岗位胜任力测评结果。

个人层面的培训需求信息一般来源于员工。想获取这类信息，LD除了运用常见的问卷调查法之外，还可以运用小组讨论法、工作观察法、绩效分析法、专项测评法、关键事件法等方法。

实操过程中，常见的培训需求分析方法可以分为8种，这8种培训需求分析方法的适用性如表3-2所示，具体分析如下。

表3-2 8种培训需求分析方法的适用性

培训需求分析方法	员工参与度	管理层参与度	所需时间成本	量化程度
绩效分析法	中	高	中	高
小组访谈法	高	低	高	中
小组讨论法	中	中	中	中
问卷调查法	高	低	低	高
工作观察法	中	低	高	中
关键事件法	高	低	高	高
档案资料法	低	低	低	中
专项测评法	高	低	高	高

（1）绩效访谈法

绩效分析法指通过部门或员工的绩效测评结果呈现出来的问题，找到某类员工对应的知识或技能需求，从而得到培训需求。

绩效分析法的优点是以绩效为导向，对绩效问题的解决针对性强；缺点是绩效更多代表着结果，而培训主要影响的是过程，从过程到结果需要判断因果关系，而因果关系并不容易直接判断。

（2）小组访谈法

小组访谈法是通过组织访谈小组和被访谈人面对面的交流来获取培训需求的方法。LD 应注意把问题澄清，访谈过程中最好使用录音笔，并做好文字记录，以备后续进行进一步的整理分析。

小组访谈法的优点是小组成员在访谈过程中可以充分沟通，减少对同一信息在理解上的误差，缺点是所需时间成本相对较高。单独访谈法的优点是所需时间成本比较低；缺点是可能存在个人信息理解上的误差。

（3）小组讨论法

小组讨论法指成立一个关于培训需求分析的专题小组，小组内部正式或非正式地讨论培训需求。小组讨论法中的小组成员最好是某一类人群或同一个层级的人员。如果要让不同层级的人员混在一起讨论，LD 就要注意在讨论过程中对主题和节奏的控制与把握。

小组讨论法的优点是能够通过头脑风暴快速地查找、发现问题，并在聚焦问题的同时，快速地形成解决方案；缺点是如果层级较高的人员只通过小组讨论培训需求，可能会产生脱离实际的情况。

（4）问卷调查法

问卷调查法是很多组织经常用到的方法，这种方法是指设置一份标准化的调查问卷，让员工进行填写。调查问卷的对象可以是某一类人，也可以是某个人。调查问卷可以是纸质问卷，也可以是电子问卷。

问卷调查法的优点是可以同时针对很多人，资料的来源比较广泛而且能节省调研人员的时间；缺点是很难保证调研结果的真实性和准确性。同时，填写调查问卷的人可能并不了解 LD 的真实意图，LD 没有办法澄清相关问题，这容易使人们对调查问卷中的内容产生误解。

（5）工作观察法

工作观察法是 LD 到员工的工作岗位上进行观察，在这一过程中，LD 可以和员工一对一地交流沟通，了解员工的问题和需求。对某一类岗位实施工作观察法时，LD 最好找一位对这类岗位比较熟悉的人一起，以便快速了解这类岗位。

工作观察法的优点是 LD 能够直观地了解岗位的实际情况，针对实际问题，聚焦培训需求；缺点是工作观察法通常只能让 LD 得到较微观层面的培训需求，而且这种方法聚焦培训需求的效果受限于 LD 对岗位的理解。

（6）关键调查法

关键事件法是通过能够影响组织战略目标或业务开展的比较关键的、起到一定积极或消极作用的事件来分析培训需求的方法。当组织发生这些事件时，LD 可以据此收集培训需求。例如当组织某类产品被客户投诉时，针对这一事件，LD 可以了解潜在的培训需求。

关键事件法的优点是 LD 能够根据对组织有较大影响的事件改进组织的运营流程；缺点是对一些关键事件进行分析往往是比较困难的，可能很难在短时间内得出结论，这也导致很难在短时间内实现有效的改善。

（7）档案资料法

档案资料法是利用组织现有的资料进行培训需求分析的方法。例如对于高层管理者的会议纪要或战略指导书等文件进行分析，使用的就是档案资料法。分析员工的岗位说明书、任职资格、岗位阶段性报告等同样属于对档案资料法的运用。

档案资料法的优点是不需要管理者和员工的参与，能减少培训需求分析所需的时间成本；缺点是没有沟通交流，只通过资料分析得到的结果可能会与实际情况有出入，同时对资料的解读需要 LD 具备一定的能力基础及经验基础。

（8）专项测评法

专项测评法是针对某一个具体的问题或领域，根据某一标准，形成一套标准的统计分析量表，再通过这套量表对需要调研的员工的某种技能、某个观念或某项素质进行定向测评，从而进行培训需求分析的方法。岗位胜任力评估就是专项测评法的一种。

专项测评法的优点是专业度较高，如果能有效地运用，测评结果往往具备一定的信度和效度；缺点同样是因为这种方法的专业度高，需要 LD 具备一定的能力基础，否则无法得出准确的结果。

3.2.3 临时需求：9 种情况需要注意

下一年度的培训需求分析和调研一般应在上一年度的 12 月底之前完成，得到的培训需求调研报告和对应的培训计划都是预估的。然而在组织经营过程中，情况是不断发展变化的，必然会产生临时的培训需求。这时候 LD 如果不能及时地发现、分析和聚焦这些临时的培训需求，就不能对组织的经营管理形成有效的支持。

常见的容易产生临时培训需求的情况如表 3-3 所示。

表 3-3 常见的容易产生临时培训需求的情况

层面	情况		
战略层面	组织变革	市场扩张	业务增加
任务层面	技术革新	绩效改善	生产需要
个人层面	解决问题	能力提升	岗位变动

1. 组织变革

当组织需要变革或顶层设计发生变化时，如出现组织外部的收购、兼并，内部的部门合并、组织机构变化、管理关系变化、运营流程变化等情况，LD 需要进行培训需求分析。这时候，很多员工对组织的变化看不清、看不懂，以致不知道该如何工作。

2. 市场扩张

市场规模的扩大、组织规模的变化必然带来一些经营管理或流程上的变化。例如某公司原本有 10 家连锁店，由于资本进驻，需要在一年内再开 100 家连锁店。这时候公司现有规模下的员工能力和期望达到的规模所需要的员工能力之间就有较大差距，这就产生了培训需求。

3. 业务增加

当组织增加新业务时，由于组织在新增领域没有能力或经验，LD 就需要进行培训需求分析。例如某公司原本属于某个传统产业，但由于产业环境的变化，该公司决定做产业升级，在 2 年内进入某高新技术产业。但该公司当前只具备在原来的产业生产经营的能力，就需要提升对新产业的驾驭能力。

4. 技术革新

随着技术环境的变化，组织必然会进行技术革新，技术革新要求组织获得新的能力支持。例如某餐饮公司原本生产加工某类食品靠的是人工炒制，但市场上已经出现了使该工序完全自动化的机械设备，该公司只需要增加几台该机械设备，就能够将生产效率提升为原来的 2 倍。因此，相关岗位人员的主要技能可能由炒制这类食品转变为对该机械设备进行操作，培训需求由此产生。

5. 绩效改善

组织临时产生的绩效问题、临时需要实现的绩效改善是动态性最强的培训需求之一。例如公司在做完第 1 季度的绩效评估之后，发现销售部门没有达成某项业绩目标的原因是销售人员对公司新推出的产品不了解。在绩效评估结束后，对于绩效较差的部门，LD 应该了解它们绩效差的原因，判断是否需要开展相应的培训。

6. 生产需要

当组织的生产或经营临时出现问题需要解决的时候，往往也需要 LD 进行培训需求分析。例如某公司的质量管理人员发现某条产品线上的员工的质量管理意识非常差，并在某次会议上提出了这一问题，此时，LD 就应当深入了解培训需求，探索是否可以通过培训来解决该问题。

7. 解决问题

组织中临时发生的一些特定问题往往需要尽快解决。例如，某公司发现员工近期上下班途中工伤事故频发，其中与员工的交通安全意识相关。LD 在分析问题后，实施相应的交通安全培训，提高员工的交通安全意识。

8. 能力提升

发现某一类员工临时需要增强某种能力时，LD 同样需要进行相应的培训需求分析。例如某公司发现新入职的员工使用办公软件的能力普遍较差，有的甚至连一些基本的操作都不会。为了提升这部分人员的办公软件使用能力，LD 可以进行详细的培训需求分析并实施相应的培训。

9. 岗位变动

员工临时的岗位变动通常伴随着能力需求的变化，原岗位要求的能力在新的岗位上不一定适用。这时候，员工通常需要进行新岗位所要求能力的相关培训。

3.3 培训需求确认

发现组织的培训需求后，LD 需要对培训需求进行进一步的分析和确认，再根据确认后的培训需求制订培训计划。

3.3.1 精炼焦点：怎样汇总培训需求

LD 按照战略、任务和个人 3 个层面对培训需求进行完整分析后，可以初步整理出培训需求汇总表，如表 3-4 所示。

表 3-4 培训需求汇总表

需求类别		序号	问题	培训内容	针对对象
当前发展需求	战略层面需求	1			
		2			
		3			
	任务层面需求	1			
		2			
		3			
	个人层面需求	1			
		2			
		3			
未来发展需求	战略层面需求	1			
		2			
		3			
	任务层面需求	1			
		2			
		3			
	个人层面需求	1			
		2			
		3			

在培训需求汇总表中，培训需求可分成当前发展需求和未来发展需求两部分，这两部分分别按照战略、任务、个人3个层面进行细分，各个层面的需求又进一步分成问题、培训内容和针对对象3个部分。

在培训需求汇总表中，最关键的是"问题"，不论是在填写培训需求汇总表中的"培训内容"和"针对对象"环节，还是在后续的培训需求确认环节，LD都需要厘清和明确问题。所以，这张表中记录的问题一定要客观、具体。

注意，在填写这张表之前，LD应列清通过培训需求分析发现的全部问题，并剥离出能够通过培训解决的问题和不能通过培训解决的问题。能够通过培训解决的问题应在培训需求汇总表中体现；不能通过培训解决的问题可以不在培训需求汇总表中体现，但需要在后续的培训需求分析报告中体现。

3.3.2　精准导航：培训需求也能量化

LD在做培训需求分析时，需要找到一种度量工具，在量化培训需求的同时，为后续评估做准备。除了使用财务数据、生产数据等运营相关数据量化培训需求之外，还可以用岗位胜任力模型来量化员工能力的提升。

举例

某公司客户经理岗位胜任力模型如表3-5所示。

表3-5　某公司客户经理岗位胜任力模型

胜任力	最高能力等级	岗位要求等级
产品知识	5	4
客户关系	5	4
市场策略	5	3
销售技巧	5	4
预算与控制	5	3
促销技巧	5	3
管理技巧	5	4
跨部门合作	5	3

经过岗位胜任力评估后，LD发现该岗位员工当前能力等级和岗位要求等级之间的差距如表3-6所示。

表3-6　某公司客户经理岗位员工当前能力等级和岗位要求等级之间的差距

胜任力	最高能力等级	岗位要求等级	当前能力等级	能力等级差距
产品知识	5	4	3	1
客户关系	5	4	3	1
市场策略	5	3	2	1
销售技巧	5	4	4	0
预算与控制	5	3	3	0
促销技巧	5	3	2	1
管理技巧	5	4	2	2
跨部门合作	5	3	1	2

　　根据上表中的数据，LD能够看出当前岗位员工在"销售技巧"和"预算与控制"两方面的能力达标；"产品知识""客户关系""市场策略""促销技巧"等方面的当前能力等级比岗位要求等级低1级；"管理技巧"和"跨部门合作"方面的当前能力等级比岗位要求等级低2级。

　　岗位胜任力模型不仅可以用于分析某单一岗位的个别员工的胜任力水平，也可以用来分析某一类岗位所有员工的平均胜任力水平。通过使用该工具，组织所有岗位员工的胜任力都能被量化。但使用该工具的前提是组织的岗位胜任力管理、测评和评估能力要达到一定的水平。

3.3.3　需求确认：优先级的确定

　　培训需求分析之后的一个重要步骤，是培训需求的确认。

　　培训需求的种类和数量可能会比较多，但组织的资源有限。对组织来说，先满足哪类培训需求，再满足哪类培训需求，组织应当动用较多的资源重点满足哪类培训需求，哪类培训需求只需要组织动用较少的资源甚至可以被忽略，都需要进行精心考量。培训需求确认正是确定所有培训需求的优先级的过程。

　　没有经过确认的培训需求不算是真正的培训需求，确认后的培训需求才有可能是真正能满足组织业务需要的培训需求。培训计划必须根据确认后的培训需求来制订。确定某一类具体的培训需求的优先级时，LD需要考虑该培训需求对组织的重要程度和紧急程度，如图3-2所示。

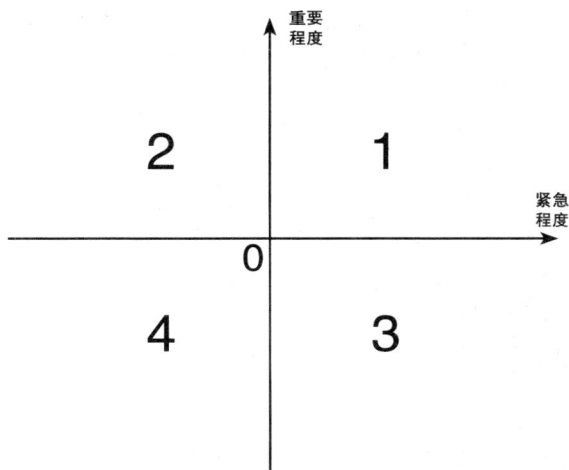

图 3-2　某类培训需求的优先级确定示意图

首先，对组织来说重要程度高的、紧急程度高的培训需求应当优先、尽快满足；其次应满足对组织来说重要程度较高，但紧急程度较低的培训需求；再次应满足对组织来说紧急程度较高，但重要程度较低的培训需求；最后满足对组织来说既不重要，也不紧急的培训需求。

举例

在上一小节的例子中，LD 在得出当前能力等级和岗位要求等级间的差距后，并不能简单地因为该岗位员工在"管理技巧"和"跨部门合作"两方面的能力等级差距较大，就马上针对这两方面实施培训。

LD 首先要评估不同的能力对公司的紧急程度和重要程度，等级差距大的能力不一定是对公司来说最紧急或最重要的能力。

假如"产品知识"和"客户关系"这两项能力与这类岗位的绩效关联度特别高，对公司绩效的影响也比较大。而"管理技巧"和"跨部门合作"虽然会对该岗位的工作造成一定的影响，但和该岗位绩效的关联度及公司绩效的关联度并不高。

数据管理能力较强的公司也可以用数据来说明问题。假如根据这家公司以往的数据，把该岗位员工的"产品知识"和"客户关系"两项能力提升到岗位要求的 4 级水平，那么该岗位的绩效有望提升 20%，而提升"管理技巧"和"跨部门合作"两项能力后，岗位绩效并无明显的提升。那么这时候，LD 确认培训需求后得出的结论应当是：优先针对"产品知识"和"客户关系"两方面做培训。

LD 对培训需求的评估和判断是确认培训需求的第一步，培训需求最终需要组织相关管理者审核确定。

LD 要形成培训需求分析报告。培训需求分析报告中要详细介绍培训需求分析的全过程，包括进行培训需求分析时采用的方法、用到的工具，参加培训需求调研的对象，参与调研的人员数量，等等。培训需求分析报告中还要写清楚培训计划或规划，包括组织各部门管理者为了满足培训需求，达到培训需求的效果，需要做出哪些努力、做哪些具体工作。通过明确这部分内容，LD 可以在提交培训需求分析报告时与相关管理者沟通确认。

此环节有以下 3 个注意事项。

1. 充分沟通

LD 在初步完成培训需求分析报告后，不要马上走组织正式的审批流程，最好先向各部门管理者或进行培训需求分析的相关人员确认报告中的信息是否准确，自己的理解是否到位。这不仅可以起到查漏补缺的作用，同时能够加强 LD 和各部门管理者之间的沟通，并加深相互理解。

2. 提出建议

培训需求分析报告可以包含 LD 对通过培训无法解决的问题的建议解决方案。如果 LD 对此项内容没有把握的话，则只需要列出培训需求调研过程中发现的问题。

3. 形成小组

在培训需求确认的环节，一般需要组织一把手亲自挂帅，由分管人力资源业务的副总经理、人力资源总监、相关部门管理者以及培训中心全体成员等组成培训需求分析小组，共同分析及讨论培训需求的相关信息，最终确定能满足组织战略需要、符合组织实际情况的培训内容和针对对象。

3.4　基于人才培养的年度培训计划

很多组织在快速发展时期会遇到人才短缺的问题，人才补充跟不上，将会直接导致组织业务发展受阻，影响组织战略目标的实现。人才补充不能完全依靠外部招聘，也应当依靠对内部人才的培养。

3.4.1　计划流程：基于人才培养

人才数量不足和能力欠缺是组织经常遇到的问题，当组织制订年度培训计划的目的是解决人才数量和能力的问题时，组织应把年度培训计划定位在人才培养上。在这种情况下，组织在做培训目标设计和培训评估时，可以重点考察人才培养完成率这个指标。

基于人才培养的年度培训计划的制订可以分成 4 步，如图 3-3 所示。

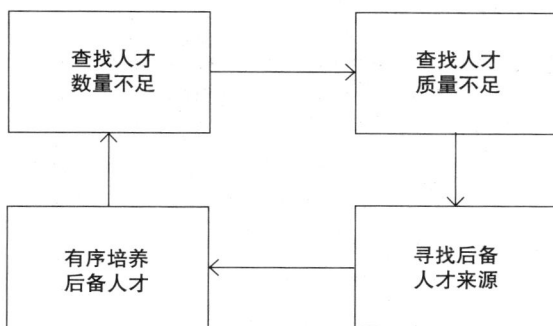

图3-3 基于人才培养的年度培训计划的制订步骤

1.查找人才数量不足

基于人才培养的年度培训计划通常是因为组织存在人才数量不足的问题才制订的，这时候组织应当针对当前人才数量不足的问题，提出解决方案。组织应当查找当前在哪个部门、哪个岗位存在人才数量不足的问题。

2.查找人才质量不足

这个环节很容易被组织忽略。大多数情况下，很多组织并非缺少人才，而是人才的能力不行，或质量不足。当现有团队成员不具备某些能力时，即便人才在数量上是充足的，在质量上也是不足的，这时候组织要查找人才在质量上存在哪些不足。

3.寻找后备人才来源

查找完人才在数量和质量上的不足后，组织要尝试寻找后备人才来源。这里的后备人才来源不仅限于外部招聘，也可以是内部的人才培养和培训。如果后备人才来源是内部的人才培养和培训，组织就应当针对这部分人才设计培训计划。

4.有序培养后备人才

针对后备人才的培训计划应当对人才某方面的知识、技巧和能力进行培养，让人才能够达到岗位的基本要求。对后备人才的培养应当循序渐进，同时组织要注意人才培养到位的时间。

3.4.2 人才储备：后备人才数量

后备人才的具体数量可以通过计算得出，后备人才数量样表如表3-7所示。

表3-7 后备人才数量样表

岗位名称	需要的人才数量	前 N 年离职率	考虑离职率后需要补充的人才数量	人才培养成功率	待培养的人才数量	培养人才名单	人才当前的质量情况

续表

岗位名称	需要的人才数量	前N年离职率	考虑离职率后需要补充的人才数量	人才培养成功率	待培养的人才数量	培养人才名单	人才当前的质量情况

上表前两列表示岗位及其需要的人才数量，如果要进行详细分析，可以再加一列这些人才的到位时间。在确定需要的人才数量之后，接下来LD要分析这个岗位的离职率。上表中的离职率是前N年的离职率。

如果基础数据充足，一般可以使用前3年的离职率。如果基础数据不足，可以用前1年或前2年的离职率。如果是新设立的岗位，没有岗位离职率的相关数据，可以预估一个大概的离职率。

通过离职率，LD就能够计算出需要补充的人才数量，这里计算出的需要补充的人才数量应当比需要的人才数量多。

单纯考虑离职率还不足以准确计算需要补充的人才数量，因为人才培养不是一定成功。人才培养成功率是指经过培养和培训后，人才素质能力达标的百分比。人才培养成功率与组织的人才培养能力有关系，也与人才自身的潜力有关系。

通过考虑人才培养成功率，LD可以测算出待培养的人才数量，待培养的人才数量一般比考虑离职率后需要补充的人才数量多。同样，如果组织之前没有人才培养成功率的数据，可以预估一个数字。

有了待培养的人才数量后，LD就可以确定培养人才名单。根据确定的培养人才名单，组织可以得出这些人才当前的质量情况，接下来就可以根据人才当前的质量情况有针对性地进行培养。

3.4.3　能力补充：人才能力补充计划

组织明确不同岗位需要培养的人才后，可以针对这些人才当前的质量情况，设计有针对性的能力补充计划，组织人才能力补充计划如表3-8所示。

表3-8　组织人才能力补充计划

岗位名称	当前较大差异	能力补充方式	开始时间	结束时间	负责人	评估人
		集中培训				
		以师带徒				
		外部培训				
		……				

在上表中，组织可以具体列出这些人才当前的能力与岗位要求能力存在哪些较大的差异。

补充人才能力的方式多种多样，如集中培训、以师带徒、外部培训等。针对人才需要补充的能力，组织应做出规划，有针对性地帮助人才培养和补充这些能力。

根据人才培养的周期，组织应设置好人才培养的开始时间和结束时间。另外，人才培养工作应落实到人，对不同岗位人才的培养应当设置负责人和评估人，还可根据需要设置监督人。

3.4.4 计划制订：总体行动方案

设计好人才能力补充计划后，若采用的是集中培训方式，LD 可以根据确认后的培训需求，从战略、任务和个人 3 个层面考虑，形成组织层面的总体培训计划和行动方案，如表 3-9 所示。

表 3-9 组织层面的总体培训计划和行动方案样表

需求类别	序号	培训内容	针对对象	培训目标	培训形式	培训资源	培训场所	培训时间	培训费用
战略层面需求	1								
	2								
	3								
任务层面需求	1								
	2								
	3								
个人层面需求	1								
	2								
	3								

上表中 3 个层面的需求不仅来源于人才能力补充计划，也来源于培训需求分析。组织年度培训计划样表如表 3-10 所示。

表 3-10 组织年度培训计划样表

序号	培训类别	培训名称	培训形式	举办部门	参训人员类别	培训人数	培训时间	培训内容	培训讲师	需要资源	评估方式	培训教材	培训地点	培训费用	备注

续表

序号	培训类别	培训名称	培训形式	举办部门	参训人员类别	培训人数	培训时间	培训内容	培训讲师	需要资源	评估方式	培训教材	培训地点	培训费用	备注

培训计划相关样表主要用来说明操作思路，LD 在应用时可以根据自身组织的实际情况做相应调整。

3.5 基于绩效改善的年度培训计划

培训的最终目的是改善绩效，只有绩效水平提高了，才能说培训做得成功。除了培养人才外，年度培训计划的制订也可以基于培训的核心目的——绩效改善。

3.5.1 计划流程：基于绩效改善

除了人才能力不足之外，组织中比较常见的问题是绩效比较差。组织中总会有一些绩效比较好的部门，也会有一些绩效比较差的部门。对于绩效比较差的部门，组织应当把年度培训计划的重点放在绩效的改善上。在这种情况下，组织在做年度培训目标设计和培训效果评估时，可以把重点放在"培训前后绩效变化"这个指标上。

基于绩效改善的年度培训计划的制订可以分成 4 步，如图 3-4 所示。

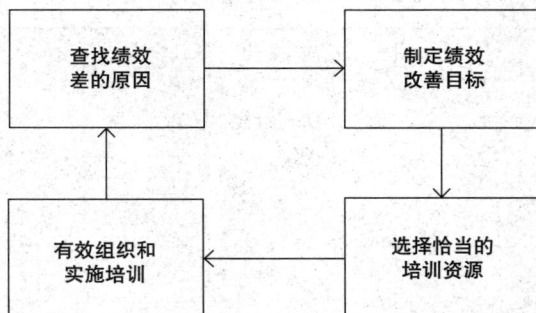

```
查找绩效        →        制定绩效
差的原因                改善目标
  ↑                        ↓
有效组织和      ←        选择恰当的
实施培训                培训资源
```

图 3-4 基于绩效改善的年度培训计划的制订步骤

1. 查找绩效差的原因

组织要查找部门绩效差的原因，并且一定要找出部门绩效差的实际原因，而不是道听途说或凭空想象。组织可以通过持续问为什么的方式来查找部门绩效差的原因。

举例

某线下连锁店中某个品类销量持续下降，经过几次会议讨论，情况仍没得到改善。到年底时，总经理提出要解决这个问题。

为什么该品类的销量会下降呢？

这时发现，该品类销量下降的原因之一是该店的该品类在价格上没有优势，竞争对手的同品类的价格普遍低 10%~20%。

为什么竞争对手的同品类的价格更低呢？

品类价格是采购部门和供应商通过谈判确定的，所以采购部门的谈判能力和品类价格的相关性特别强。也就是说，目前该品类的采购人员和供应商谈判时，不能谈出对公司有利的价格。

为什么该店的采购人员谈不下价格，但竞争对手的采购人员可以呢？

因为竞争对手给了供应商大量门店端架和堆头的资源，而且竞争对手和供应商之间达成的协议价格是以某个销量为前提的。这实际上是一个对赌机制——供应商给竞争对手某个比较低的价格，竞争对手要保证实现某个比较高的销量。

找出了绩效差的原因，组织就能找到基于绩效改善制订年度培训计划的具体方向。

2. 制定绩效改善目标

组织做年度培训计划的最终目的是改善绩效。制定绩效改善目标，相当于制定年度培训计划的基本目标。明确目标有助于围绕目标制订计划，也有助于评估计划最终的完成情况。

3. 选择恰当的培训资源

培训资源可以分成外部培训资源和内部培训资源。选择培训资源时应当注意，组织内部往往存在大量待开发的培训资源，组织应首先运用好这些资源，而不要一开始就想着去外部寻找资源。

在上例中，该线下连锁店除了有销量下降的品类外，还有许多销量增长势头较好的品类。这些品类的采购人员就是很好的内部培训资源，这些优秀采购人员所掌握的针对品类价格的谈判方法就是很好的培训内容。

4. 有效组织和实施培训

组织在组织和实施培训时，应当针对某个问题进行具体分析。在解决问题时，组织要考察通过改变环境、管理体制、所使用的工具或方法等是否能够更好地解决问题，而不仅仅是依靠培训。

3.5.2 改善步骤：实施绩效诊断

要改善绩效，不一定要马上实施培训，而应首先进行绩效诊断，找到类似岗位的最佳实践，然后尝试把最佳实践复制到相关领域，通用步骤如图 3-5 所示。

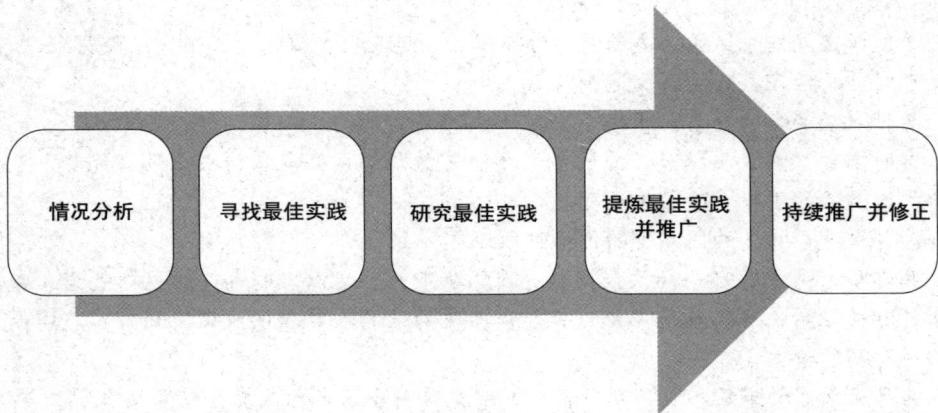

图 3-5 绩效改善通用步骤

1. 情况分析

详细分析组织当前存在的问题，而不是盲目地采取行动。

2. 寻找最佳实践

找到在这个领域当中做得最好的那个员工或部门，也就是找到该领域中绩效最好的情况。

3. 研究最佳实践

研究这个员工或部门为什么做得好，实施者采取了什么方法，或者其秘诀是什么。

4. 提炼最佳实践并推广

把最佳实践中实施者运用的工作方法和秘诀提炼出来，变成其他人能够学得会的工具或模板，并进行推广。

5. 持续推广并修正

对最佳实践持续进行推广，对推广过程中遇到的问题不断进行修正，以达到最终目标。

该绩效改善通用步骤几乎适用于任何组织、任何行业、任何绩效问题。

3.5.3　提升之路：绩效改善注意事项

组织在实施绩效改善时，要注意以下 4 个事项，如图 3-6 所示。

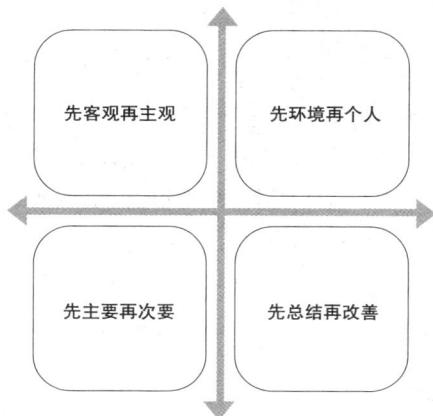

图 3-6　组织实施绩效改善的注意事项

1. 先客观再主观

对于多种类型的绩效指标，组织应当本着先客观再主观的原则进行诊断。能够用数据明确表示出来的客观的绩效问题可以被组织更精确地把握，应当优先诊断和处理；而偏主观感受的绩效问题，应当延缓处理。

举例

某部门 80% 的绩效指标是量化指标，20% 的绩效指标由其他部门的 360 度主观评价形成。该部门上年度整体绩效较差，公司总经理为此非常生气，责令人力资源部协助该部门负责人查找存在的问题，改善绩效。

人力资源部在开展绩效诊断工作时，应当首先针对 80% 的量化指标做文章，而不是针对 20% 的 360 度主观评价去询问各部门对这个部门存在问题的看法、意见或建议。

2. 先环境再个人

当绩效出问题时，大多数人第一时间想到的是教育员工，总想着通过给员工搞培训、让员工听讲座来提高员工的素质，从而解决绩效问题。而实际上，改变环境往往成本更低，见效更快，甚至更容易实施。

举例

某部门的绩效较差，人力资源部在对该部门进行绩效诊断时，依次从信息、资源、奖励／后续结果等环境因素，到知识／技能、素质、动机等个人因素查找问题，而不是直接对员工实施培训。

3.先主要再次要

绩效问题往往非常多，经过绩效诊断，组织可能总结出几十项甚至上百项的问题。这时候，组织在资源有限的情况下，应当对问题进行分类，先解决主要的问题，再解决次要的问题。

举例

某公司对绩效进行诊断之后，把绩效问题分成既重要又紧急、重要但不紧急、紧急但不重要、既不重要又不紧急4个类别。该公司采取的策略是首先处理既重要又紧急的绩效问题，然后处理重要但不紧急的绩效问题，再处理紧急但不重要的绩效问题，最后处理既不重要又不紧急的绩效问题。

4.先总结再改善

组织不能盲目地进行绩效改善，通过绩效诊断找出问题之后，应先总结优秀的经验，然后通过对优秀经验的推广进行绩效改善。

举例

某公司销售团队整体绩效比较差，总经理想通过培训改善该团队的绩效。但人力资源部没有直接展开培训，而是首先查找绩效比较好的销售人员，分析这些销售人员为什么做得好，然后把他们的优秀经验总结出来，变成一套标准化的、大家都可以学习和使用的工具或方法，最后通过培训进行推广。

3.5.4 应用流程：利用绩效评价结果

绩效评价结果能够反映员工的培训需求，当部门绩效明显较差时，人力资源部应当寻找这个部门绩效差的具体原因，判断部门员工是否需要接受相应的培训。

例如，销售部门业绩下滑、生产部门产品质量降低、技术部门新产品研发延期，人力资源部都应当重点关注。

绩效评价结果同样也可以用于培训成果评估。培训成果评估中有一项是绩效层面的评估，就是检验培训前后参训人员绩效的改变情况。如果参训人员的绩效水平明显提高，则能够在一定程度上说明培训是有效果的，反之则说明培训没有明显效果。

绩效评价结果在培训中应用的流程如图3-7所示。

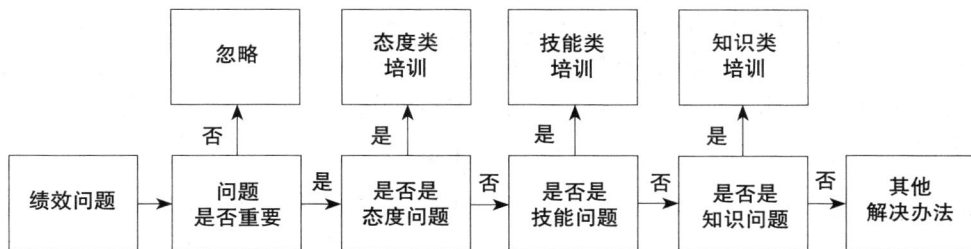

图 3-7 绩效评价结果在培训中应用的流程

图 3-7 实际上呈现了基于绩效评价结果做出培训决策的过程。

当出现某类绩效问题时，组织首先应判断该问题是否重要，如果不重要则可以忽略这类绩效问题；如果重要，则应当判断该绩效问题是否是态度问题。

如果是态度问题，组织应当开展态度类培训；如果不是态度问题，组织则需要判断是否是技能问题。

如果是技能问题，组织可以根据情况实施各种技能类培训；如果不是技能问题，组织则需要判断是否是知识问题。

如果是知识问题，组织同样可以根据情况实施各种能够解决实际问题的知识类培训；如果不是知识问题，组织则需要寻找其他解决办法。

3.6 案例：某公司年度培训计划的制订

某公司拥有 80 多家子公司，其中包括 2 家上市子公司，员工 3 万多人。该公司下辖医用制品、血液净化、骨科、医疗装备、药业、心内耗材等几个产业集团。该公司发展势头良好，业务扩张迅猛，对人才数量和能力的要求越来越高。基于前些年实施培训的经验，该公司确定了培训的改进方向。

（1）由培训班向培训项目过渡。

（2）由自由放任到调控指导过渡。

为顺应这两大改进方向，该公司按照培训需求调研、培训项目规划、培训资源匹配 3 步制订年度培训计划。

3.6.1　培训需求调研：公司层面的年度培训目标

公司层面的年度培训目标如表 3-11 所示。

表 3-11　公司层面的年度培训目标

主要目标	培训内容
支撑重点业务	介绍战略新方向、业务新动态、业务人员面临的新挑战
培养后备人才	培养应届生、中层管理人才、战略储备人才
提升员工能力	提升管理能力、通用能力、专业能力及综合能力
夯实管理基础	讲授流程梳理、绩效管理、信息化、生产管理、质量管理等方面的知识

为精准聚焦培训需求，该公司人力资源部按照资料分析、需求访谈、设计调查问卷 3 个步骤实施培训需求调研。

1. 资料分析

在资料分析环节，人力资源部要知悉公司战略方向，了解公司领导关注的核心事宜，为培训需求访谈做好信息储备。

资料分析的内容如下。

（1）上年度培训工作盘点情况。

（2）财务数据：收入、净利润和总成本。

（3）人才盘点报告。

（4）重要报告／发言稿。

（5）战略资料。

2. 需求访谈

开展培训需求访谈有助于人力资源部确认培训核心目标、需培训的重点部门／人群、需培训的行为／能力等，并在制订年度培训计划时就使公司的中高层管理者 "入局"。培训需求访谈的重点人群是公司的中高层管理者。培训需求访谈内容如表 3-12 所示。

表 3-12　培训需求访谈内容

层级	分析重点	分析目的	输出产物
高层	组织分析	Who：确定组织中谁需要培训 What：确定培训要解决什么问题	需培训的重点部门／人群 要改善的业务指标
中层	业务分析 行为分析	When/Where：在什么时间／什么地点开展培训 What：哪个流程是瓶颈？需培训的行为／能力是什么	培训时间 需培训的行为／能力
基层	深入的行为分析	Why：绩效不好的原因是什么 How：课程具体应包含哪些内容？如何实施培训	课程大纲（用于课程设计） 课程来源（内部／外部）

对中高层管理者的培训需求访谈，可以按照 5 个步骤进行：聊、讲、问、答、谢。中高层管理者培训需求访谈内容库如表 3-13 所示。

表 3-13　中高层管理者培训需求访谈内容库

环节	子环节	内容库（可视具体情况选择）	访谈记录
聊	寒暄	视情况寒暄	
	介绍小组成员	介绍访谈小组成员	
讲	讲目的	通过本次访谈，了解公司明年的工作重点，筛选出培训部门可以支持和配合的工作	
	讲态度	我们本着真诚的态度，希望得到真实和贴近公司／领导需求的反馈，让培训更好地助力业务发展	
	讲访谈形式	本次访谈我们准备了几个问题，期待您回答。同时，如果您不介意的话，我们会通过录音、做笔记的方式记录访谈内容，这些资料绝不会外传，仅作为后续整理访谈内容时的参考	
问	战略方向重点工作	今年公司的主要业务方向是什么？ 公司会重点推进什么工作（3 项以内）？	
	业务分析	对应这些重点工作，哪项业务最关键？ 发展这项业务会遇到什么挑战或困难？	
	能力分析	如果要保证这项业务的发展，您认为关键岗位人员目前的能力够吗？ 这些人员在哪方面的行为／能力（知识、态度、技能）需要重点改善？	
	期望结果	为了解决人员能力的问题，您期望培训部门做什么？ 您期望看到哪些（可衡量、可观察的）效果（最好是行为改善、指标优化方面的效果）？	
	资源和障碍	您对培训时间、培训形式有什么要求？ 在培训中，您可以提供哪些支持、哪些资源？ 培训中可能遇到的障碍有哪些？您有什么应对建议？	
	确认内容	我来总结一下，您看我的理解是否准确： 明年，您倾向于重点对 × 人员的 × 行为或技能进行培养，以期改善 ×× 的业绩／×× 指标，您看对吗？	
		（可选）以上事宜还需要进一步确认细节，您建议我们后续跟哪些人员再进行具体访谈呢？	
答	疑问解答	您是否还有有关人才培养的其他问题需要与我们沟通呢？	
谢	感谢及后续	感谢您抽出宝贵时间做本次访谈，后续我们会将整理好的访谈内容发给您确认，以便我们准确理解您的意思，进而做好明年的培训计划	

在培训需求访谈的环节，人力资源部要注意对培训需求的诊断。经过访谈后，人力资源部通常可以找出3类常见的培训需求问题，如图3-8所示。

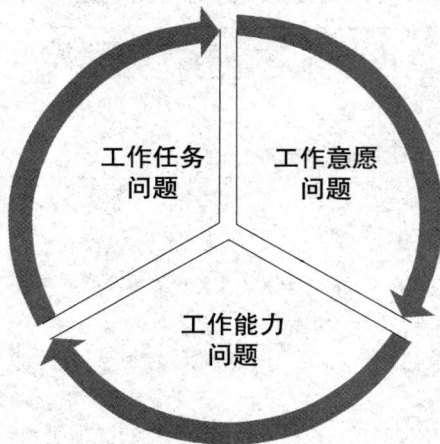

图3-8　3类常见的培训需求问题

（1）工作任务问题——是否做正确的事。工作任务问题与公司的战略有关，与流程制度有关，与岗位职责有关。

（2）工作意愿问题——是否有意愿做事。工作意愿问题与公司文化有关，与员工的职业生涯规划管理有关，与员工的薪酬绩效设计有关，与公司对员工的综合激励有关，与管理者的领导风格有关。

（3）工作能力问题——是否正确地做事。工作能力问题与人才招聘有关，与公司的人才培养与培训有关。

培训需求可以分别从紧迫性、价值和可操作性3个维度进行排序，组织应优先满足紧迫性、价值和可操作性都比较高的培训需求。培训需求排序方法样表如表3-14所示。

表3-14　培训需求排序方法样表

培训需求	紧迫性	价值	可操作性
需求1	高	高	高
需求2	低	中	高
需求3	中	低	低

3. 设计调查问卷

调查问卷是培训需求调研的常见手段，用于确定培训的具体内容、培训方式等。人力资源部设计培训需求调查问卷时需要注意如下事项。

（1）根据岗位类别设计不同版本的调查问卷，例如高层管理者版用于明确培训方向，中层管理者版用于明确需培训的能力／行为，员工版用于明确能力提升需求。

（2）问卷调查容易流于形式，因此人力资源部在发放调查问卷前要做好宣导，发放后要做好催收，收回后要做好审核纠正，最后要做好汇总分析。

（3）调查问卷中的题目应尽量少，主观题和客观题都要有。

（4）为便于员工填写调查问卷，调查问卷可以通过网络渠道分发。

3.6.2　培训项目规划：培训项目设计思路

该公司进行培训项目规划的基本思路包括以下5个方面。

（1）数量：培训项目宜少不宜多，越少越好。

（2）目标：培训项目的产出要非常清晰，目标要可量化。

（3）时长：每个培训项目的时长不少于1个月。

（4）设计：采用多种模式相结合的"组合拳"，实施混合式培训。

（5）入局：培训项目要吸引高层管理者、业务部门管理者等与培训项目有关的人员"入局"。

针对公司中的不同人群，培训项目的设计思路如表3-15所示。

表3-15　针对不同人群的培训项目的设计思路

人群	方向	关键词	重点
新员工	培养的系统化	同化	团队合作 激发动力 建立归属感 服从规则
管理者	培养的制度化	发展	管理自己、发展自己 管理他人、发展他人 管理业务、发展业务
骨干员工	培养的规范化	关注	成长渴望 自我认知 能力分析 目标设定 跟踪辅导 结果检核
专业人才	培养的持续化	持续	岗位定义 能力定义 差距分析 知识体系构建 提升计划制订

部分培训项目举例如下。

1. 新员工培训项目

新员工培训的4个重点分别是团队合作、激发动力、建立归属感、服从规则。

新员工培训前的工作安排如表 3-16 所示。

表 3-16　新员工培训前的工作安排

方向	需提交的资料
贴近业务	新员工基层学习报告
明确目标	试用期绩效目标行动计划表
进入状态	网络课程测验成绩、课前作业
建立团队	小组沟通结果、商业报告

新员工培训内容如表 3-17 所示。

表 3-17　新员工培训内容

形式	主要内容
视频汇报	拍摄视频
网络课程	塑造积极心态 信息安全意识培训 人格特质与沟通技巧 压力管理技巧 PPT 应用技巧 职业生涯管理实务 打造说话能力的 8 个阶梯 如何管理上司 如何简捷高效地制作商务简报
个人表现	班级职务 培训积分 优秀表现 综合评价 特长
行为改善	公司文化 协作意识 学习意识 责任意识 商务礼仪 目标意识 客户意识 沟通意识 发展意识

2. 青竹计划

青竹计划是该公司针对应届大学毕业生推出的培训项目，目的是通过科学培养，使应届大学生既能认同公司文化理念，又能得到专业技能水平的快速提高。

青竹计划包括 4 个时期，每个时期的时间安排和培训目标如表 3-18 所示。

表 3-18 青竹计划 4 个时期的时间安排和培训目标

时期	时间安排	培训目标
落地期	入职后第 1~6 个月	帮助培训对象完成从学生到职场人的心态转变，使其了解公司文化与一线工作流程，掌握基本岗位知识与技能
扎根期	入职后第 7~12 个月	使培训对象在实践工作中逐步掌握职场通用技能，具备岗位任职资格，增强意志品质和执行力
破土期	入职后第 13~24 个月	全面提升培训对象的专业技能水平，充分发挥人才优势，进行个性化培养
拔节期	入职后第 25~36 个月	增强培训对象的基础领导力与管理能力，最终输出 10 名左右符合储备干部要求的后备人才

落地期的安排如表 3-19 所示。

表 3-19 落地期的安排

培训内容	时间安排	培训内容说明
入职培训	为期 6 天	采用封闭式培训，培训内容包含公司制度与文化、职业心态、价值观等
岗前训练	为期 2 周	学习所在岗位要求掌握的基本知识。导师进行初步观察，提供指导，帮助培训对象带着问题进行岗前训练
车间实践	研发、生产类岗位 6 个月，其他岗位至少 3 个月，1 个月	进行顶岗实践。条件成熟的车间可组建应届大学生班组与其他班组进行竞赛，车间主任最终进行总体评价
轮岗学习	部门内每个岗位至少轮岗 1 周	了解部门内各岗位工作职责。导师在实际工作中逐步向培训对象传授相应的岗位知识与技能，为培训对象的定岗选择提出合理建议

入职 6 个月后，到了扎根期，根据考核评价结果进行差额调薪。如果考核评价结果为 A，则加薪 20%，这部分人占总人数的 20%；如果考核评价结果为 B，则加薪 10%；这部分人占总人数的 70%，如果考核评价结果为 C，则薪资不变，这部分人占总人数的 10%。扎根期的安排如表 3-20 所示。

表 3-20　扎根期的安排

培训内容	时间安排	培训内容说明
回炉培训	为期 3 天左右	深化公司文化培训，增加时间管理、职业素养、办公软件应用技巧等职场通用技能培训。开展座谈会，供培训对象与外派 MBA 优秀学员进行交流
干部培养	回炉培训之后	所有通过转正考核的培训对象将全部纳入公司的干部培养计划。干部培养计划旨在强化培训对象的意志品质和执行力，提高其对公司的忠诚度和增强公司的凝聚力
定岗培养	参与干部培养计划后	根据培训对象的综合表现，结合其专业、特长、意愿及部门用人需求等，为培训对象确定工作岗位。导师根据岗位任职资格要求，逐步帮助培训对象提升专业技能水平

破土期的安排如表 3-21 所示。

表 3-21　破土期的安排

培训内容	培训内容说明
回炉培训	所有培训对象再次回炉"充电"，以提升抗压能力与综合职业素养，强化敬业精神与专业技能
个性化培养	综合三方意见（科学测评结果、培训对象前期表现、导师评价），为培训对象制定个性化培养方案。该方案既包含宏观的职业生涯发展规划，又包含本阶段的具体培养计划
任务式培养	让培训对象参与部门内部重大改善项目，加强对知识与技能的学习，全面了解部门的某项业务流程及工作方法，以此增强其管理意识与协作能力

拔节期的安排如表 3-22 所示。

表 3-22　拔节期的安排

培训内容	培训内容说明
回炉培训	本阶段将加入管理能力与领导力的培训，以打造培训对象的基础领导力，帮助培训对象提升管理技能水平
高管授课	集团高管亲自授课，定期召开"高管座谈会"，向培训对象传授管理经验、管理方法等
多样化培养	定期举办对话活动，邀请优秀员工、先进标兵分享工作经验。建立微信群，随时推送相关学习资料和学习渠道，加强内部交流

3. 业务负责人培训项目

公司营销副总提出业务发展的 3 年规划，公司为此设计了为期 6 个月的培训项目，目标是选拔一批业务负责人，与营销部门协同改善绩效。整个培训项目分为 3 期，其中第 1 期面授课程安排如表 3-23 所示。

表 3-23 业务负责人培训项目第 1 期面授课程安排

日期	课程内容	授课人及评委或参与者
第 1 天	训前会	班主任
第 2 天	发展战略解读	总经理
	政策介绍	企划部经理
	业务发展规划及经营举措介绍	营销副总
	优秀业务负责人培训体系介绍	
第 3 天	新筹建公司实战案例分享	标杆学员（3 人）
	日常经营实战案例分享	标杆学员
	业务发展举措宣导	业务部经理
	分组研讨（业务发展举措）	学员
第 4 天	主题作业（发展规划）演讲、点评	营销副总

3.6.3 培训资源匹配：公司培训资源匹配情况

实施培训需要资源的支持，该公司的培训资源主要包括两部分，如表 3-24 所示。

表 3-24 公司培训资源

资源类型	内容
硬资源	课程：管理学院面授课程及 E-Learning 平台课程 讲师：管理学院内训师 预算：充足
软资源	上级支持度：业务部门给的支持越多，越容易成功 学员认可度 / 口碑：学员口碑好，新项目成功率就高 组织环境：保守 / 创新、信息封闭 / 流动 营销：总结、展示要及时

该公司最终设计好的年度培训计划如表 3-25 所示。

表 3-25　设计好的年度培训计划

年度培训计划说明
1. 年度培训工作目标说明：通过 ×××方式，达到 ×××目标。
2. 培训需求调研过程和结果概述：（调研方式、调研群体及人数、调研结果描述）。
3. 重点项目介绍

序号	培训类别	培训项目	培训对象	主办方	培训目标（可从问题/能力角度阐释）	参加人数	培训时长/天	培训时间（具体到月份）	培训讲师	培训预算/元	培训方式	备注
1												
2												
3												

前沿认知
互联网时代的培训管理

互联网的发展带来了商业变革、管理变革和思维变革。互联网思维与工业化思维明显不同。

工业化思维强调效率优先，而互联网思维强调效能优先。

工业化思维强调产品驱动，互联网思维强调用户驱动。

工业化思维滋生了传统的职能制、事业部制等科层制组织结构，这种组织结构等级森严，而互联网思维强调去中心化。

工业化思维下的组织大多是纵向的线性结构，而互联网思维下的组织大多是网状结构。

工业化思维强调运用二八原理，互联网思维在强调运用二八原理的同时还强调长尾理论。

在工业化思维下，员工被动接受培训；而在互联网思维下，员工可以有极强的参与感。

工业化思维有时候强调越复杂、越难越好，而互联网思维强调越简单越好。当然，互联网思维强调的简单不一定真的简单，这可能是指经历了一系列的复杂过程之后，展示出来的产品或结果是简单的。

互联网时代进一步发展至移动互联网时代，生产力资源变成了 4 个关键要素：人、智能机械、大数据和网络。在移动互联网时代，人力资源管理的工作重心和工作内容也变得不一样。

1. 组织云、知识云、资源云、能力云，颠覆传统人力资源管理模式

移动互联网时代，商业模式和用户群体变化迅速，需要更加灵活的组织模式，因此出现了扁平化组织、矩阵式组织、无边界组织、分型组织等。人力资源可能分布在世界各地，云平台则可以将分布在世界各地的人力资源联系在一起。未来组织内人力资源高度共享，并且可以基于大数据按需调用，这就是云的特质。

高昂的人力培养成本、逐渐升高的流失率，似乎让组织内部的人才培养成为一件越来越不划算的事。当相应的云形成以后，员工的短板将不再是问题，因为当员工面对一个任务的时候，有云的支持，自己做不了的事，可以同他人合作。在云时代，或许员工已经不需要去想怎么补短板了，因为员工总能找到愿意与其合作的人来解决短板问题。

2. 内部市场化，个体崛起，人人都是 CEO

传统的雇佣关系逐步瓦解，联盟式的雇佣关系开始兴起。在传统组织的管理者还在头疼怎么做员工激励、抱怨员工绩效差的时候，许多快速发展的组织早就开始使用合伙人制。

例如海尔集团的创客空间，海尔集团在内部进行彻底的市场化改造，把对人力资源的管理变成对资本的管理；由一开始的管理员工，变成现在的管理资本的投资收益；把集团对员工投入、员工为集团输出，变成员工为自己投入，员工既为自己输出，同时也为公司输出。这不仅是人力资源管理模式的创新，也是商业模式的创新。

不论是合伙人制、创客空间，还是罗辑思维里说的"U 盘式生存"，都是直接以个人层面的金钱和价值的获得为载体的持续性强激励。这种持续性强激励解决了传统组织一直不愿直视的问题——个体到底为谁打工，是为组织，还是为自己？如果是为组织，个体何必拼尽全力？如果是为自己，个体还有什么理由偷奸耍滑？

3. 人力资源管理全面数据化，追求人力资源效能的提升

有人认为人力资源管理的数据化是一种管理上的倒退，因为数据无法显示出人力资源管理的复杂性。然而，未来还有什么是不能被数据化的吗？

人们以何种方式组合在一起决定了他们的效率，所以 LD 要做到"管理前置"，直接参与关键业务的管理，这就需要 LD 掌握一定的业务数据。这些数据将是 LD 实施流程和组织再造、排班优化等提升人力资源效能的方法的基础。

同时，对于一些插不了手的情况，LD 要评估结果，做到"管理后置"，此时可以使用人力资源会计、人力资源效能仪表盘、人力资源成熟度模型、人力资源平衡计分卡等工具。

随着人力资源管理模式的变化，培训管理也必然要顺应时代特点发生变化。

1. 培训管理的 O2O

线上到线下（Online to Offline，O2O）的含义是综合线上商务机会和线下商务机会，让线上和线下成为统一的网络，实现商务效率的最大化。在移动互联网时代，培

训管理的 O2O 是指既利用线上平台传播培训内容，又利用线下培训对线上平台形成匹配与支撑。

2. 内容产品化

LD 要以产品经理的心态打造培训项目，以学员为中心，用产品化的思维运营培训项目，从运营、内容、平台 3 方面围绕学员的体验设计培训项目。LD 在设计培训项目时，还要注意学员的应用场景。

3. 强连接化

LD 可以创建不同的虚拟或实体的培训场所。学员学习的过程是培训要素相互作用、相互影响的过程，增强各要素之间的联系，往往能够提升培训效果。所以，LD 应通过移动互联网技术，让学员之间、讲师与学员之间、管理者与学员之间形成较强的连接和互动。

4. 平台工具化

移动互联网本身就是培训管理的重要工具之一，移动互联网能够让学习更加简单、方便，有利于社交化内容的传播与学习。利用移动互联网的特点，LD 能够综合各方的资源，打造基于移动互联网的学习平台，鼓励组织内各方参与学习，不断丰富该平台的资源。

在互联网时代，LD 要在抓住培训管理核心的前提下，充分利用新模式、新方法、新技术，将资源有机地结合起来，并在满足自身组织需求的前提下，更加高效地进行培训管理。

☑ 实战案例
某公司年度培训计划

某公司根据培训需求调研和培训需求分析结果，制订的年度培训计划如下。

1. 公司年度培训计划依据

公司年度培训计划的依据是 20×× 年度公司的发展战略、职能定位、培训需求调研结果、部门访谈结果等。

2. 培训原则和方针

为确保每项工作的能力需求因素被准确识别，使本组织的培训活动具有明确的开展方向，人力资源部特制定培训原则和方针，这也可以用来指导年度培训计划的实施。

公司本着实用性、有效性、针对性的原则，以公司文化为基础，以提高员工实际工作技能水平和绩效水平为重点，建立全员培训机制，全面促进员工成长与发展，增强员工队伍整体竞争力，确保培训推动公司发展战略成功实施。

3. 年度培训工作目标

（1）在公司范围内形成学习氛围，初步建立学习型组织。
（2）提升中高层管理者的业务与领导能力，进而增强组织整体竞争力。
（3）提升员工基本职业素养，打造职业化的工作团队。
（4）建立并不断完善公司培训组织体系与业务流程，确保培训工作高效开展。
（5）传播和发展公司文化，增强员工（尤其是新员工）对公司的归属感和认同感。
（6）使所有在岗员工本年内至少平均接受 × 小时的业务或技能培训。
（7）进一步完善培训课程体系，确保培训内容和公司文化的一致性。
（8）建立并有效管理内外部培训讲师队伍，确保培训讲师的胜任力与实际培训效果。

4. 年度培训管理体系建设

年度培训管理体系建设计划如表 3-26 所示。

表 3-26　年度培训管理体系建设计划

序号	任务	作用和措施	备注
1	编撰培训管理手册	规范培训管理工作。手册主要内容：培训管理程序、培训活动管理与效果评估指南、培训讲师管理规定、培训课程开发与采购管理规定、委外培训管理规定、培训档案管理规定、培训费用管理规定、员工职业生涯发展与管理规定等	
2	开展"周末学校"培训活动	增强公司的凝聚力和影响力，促使公司内部形成重学习、爱学习的文化 "周末学校"培训活动每月开展一次，员工可根据自己的需要合理选择课程	
3	建立内外部讲师队伍	提高培训管理水平，降低培训成本 在20××年度，人力资源部将通过甄选、培训、考核和评定，培养15位内部培训讲师，其年授课量不少于25小时；另外与20位左右外部独立讲师建立联系，以便科学地为员工提供重要且必需的课程	
4	建立品牌课程和巡回演讲机制	打造"中层干部管理技能培训"和"人力资源团队专业技能培训"两门品牌课程，在公司内部大范围地推广，以提升公司全体中层管理者及人力资源人员的管理能力 20××年度，公司内巡回演讲次数不少于6次	
5	建立员工职业生涯发展系统	建立以公司全体正式员工为基础，以业务主管/骨干及以上级别人员为重点培训对象的员工职业生涯发展系统 为每个员工建立培训档案，制定公司内职业发展规划方案和与职位晋升相关的必须参加的培训项目列表；完善年度培训管理体系	

5. 培训需求分析

培训需求分析结果如表 3-27 所示。

表 3-27　培训需求分析结果

需求分析层面	目的	需求点	需求内容
战略层面	确定哪些方面需要培训	公司战略要求与未来发展对管理者的领导决策能力和团队、业务的管理能力提出更高要求 公司的生产制造须通过持续不断地改善来提高效率、降低成本	高效管理团队的建立、管理者管理技能水平的提升和后备管理人员的培养 精益生产和 IE（Industrial Engineering，工业工程）工作改善
任务层面	确定培训内容	公司成长所需要的各种管理能力与现有团队管理能力之间的差距	各业务部门核心业务管理能力（财务管理能力、生产管理能力、人力资源管理能力、市场营销与销售管理能力）的建设与提升
个人层面	决定谁应该接受培训和需要进行什么样的培训	员工工作表现不佳的原因分析（不愿做/不会做） 员工职业发展	新员工试用期培训 员工职业素质培训 岗位技能进阶培训 关键岗位人员培养

6. 培训资源分析

公司现有培训资源不足，不能有效支撑公司、事业部、基地的培训项目的正常实施，具体表现在如下方面。

（1）讲师资源：内部讲师资源匮乏，成功的经验和技术不能得到有效分享和传承，造成人力资源的浪费；外部讲师资源尚未形成对应能力（如领导力、财务管理能力、生产管理能力等）的资源库，外部讲师的选择缺乏统一的标准。

（2）课程资源：公司及各职能部门缺乏系统规范的课程体系，难以保证员工具备相应的工作知识和技能，导致新员工成长缓慢，不能尽快适应岗位对工作技能的要求，在职员工缺乏明确的学习目标和学习热情。

（3）培训组织：培训组织（公司、事业部、基地）职责分工不清，不能就推动培训工作达成共识，严重影响了各项培训工作的有效执行。

7. 培训工作重点

（1）重点培训项目：管理者能力提升（高管团队领导决策能力培养开发、中层管理技能提升、基层督导能力提升），各职能部门核心业务管理能力提升，精益生产和 IE 工作改善，全员职业素质提升。

（2）培训资源开发重点：培训组织的共识达成与能力建设，内部、外部讲师资源开发，公司及各职能部门的标准课程库建立。

8. 培训工作开展思路

培训工作开展思路如表 3-28 所示。

表 3-28 培训工作开展思路

类别	项目名称	重点内容		培训安排
培训项目	管理者能力提升	高层	对领导力、决策力、影响力、个性化需求、文化的研讨	每季度一次课程、一次读书活动
		中层	对管理业务、管理团队、文化的理解和认同	每两个月一次课程 / 每季度一次读书活动
		基层	对业务能力、自我管理、员工督导、文化的理解和认同	每两个月一次课程，课堂学习与工作应用案例相结合（内训为主、外训为辅）
	各职能部门核心业务管理能力提升	以解决现有问题为切入点，有侧重、有步骤地开展业务系统培训，以提升整体业务水平		以外训为主，逐步转化为内训 依据各部门实际需求和外部课程安排，原则上由部门主管和骨干员工参加
		财务管理	内部控制与风险管理、现金流量与营运资本管理、成本分析与控制	
		人资管理	平衡计分卡、素质模型的建立、绩效管理	
		销售管理	产品推介与市场开发、卓越的客户服务与管理、大客户的战略营销	
		供应链管理	采购与供应商管理、仓库管理实务	
	精益生产和 IE 工作改善	全员生产维护、现场八大浪费、品管工具、IE改善手法、六西格玛		配合持续改善委员会的计划推进
	全员职业素质提升	员工职业化、职业礼仪、团队合作、时间管理		每季度选定一个主题在公司 / 事业部 / 基地循环授课每个主题前 2 次外训，第 3 次内训
培训资源开发	培训组织的共识达成与能力建设	职责与分工、共识达成		
	内部、外部讲师资源开发	讲师来源	内部管理干部、内部技术专家、外部讲师	TTT上下半年各进行一次，采取外请内训的方式
		培养方式	职业培训培训（Training the Trainer to Train，TTT）、内部经验交流、外派学习	
		开发目标	管理类讲师 3~5 位、通用类课程讲师 8~10 位、专业技术类讲师 5~8 位、外部长期合作讲师 5 位	
	公司及各职能部门的标准课程库建立	建立一套公司通用课程清单，各职能部门依据岗位工作要求开发对应的应知应会类课程，为后续的任职资格认证和评定做好前期准备		

9. 培训计划

（1）高管团队

高管团队的培训以领导决策能力的提升为重点，具体培训计划如表 3-29 所示。

表 3-29　高管团队培训计划

时间	课程类别	课程名称	培训对象	培训方式	培训讲师	培训地点	培训时长	培训预算
	管理系列之高级领导力、决策力、影响力	领导力研修		外请内训	待定		3 天	
		公司战略与执行		外请内训	待定		2 天	
		卓越的领导情商		外请内训	待定		2 天	
		管理教练		外请内训	待定		2 天	
	公司文化	文化主题研讨		内训	董事长		1 天	

（2）中层管理者

中层管理者的培训以技能提升为重点，具体培训计划如表 3-30 所示。

表 3-30　中层管理者培训计划

时间	课程类别	课程名称	培训对象	培训方式	培训讲师	培训地点	培训时长	培训预算
	管理系列之中级团队管理、业务管理	非人力资源经理的人力资源管理		内训			2 天	
		绩效管理		视频学习			2 天	
		下属培养与启发		外请内训			2 天	
		建设高绩效水平团队		视频学习			2 天	
	公司文化	文化理解与认同		内训			1 天	

（3）基层管理者

基层管理者的培训同样以技能提升为重点，具体培训计划如表 3-31 所示。

表 3-31 基层管理者培训计划

时间	课程类别	课程名称	培训对象	培训方式	培训讲师	培训地点	培训时长	培训预算
	管理系列之基层自我管理、员工督导	工作计划		外请内训			2天	
		工作教导		外请内训			2天	
		工作改善		外请内训			2天	
		工作关系		外请内训			2天	
	公司文化	文化理解与认同		内训			1天	

（4）核心业务人员

核心业务人员的培训以提升核心业务管理能力为重点，具体培训计划如表 3-32 所示。

表 3-32 核心业务人员培训计划

时间	课程类别	课程名称	培训对象	培训方式	培训讲师	培训地点	培训时长	培训预算
	业务系列之精益生产	精益生产管理	公司及各事业部高层人员	内训			2天	
			各事业部中层人员	内训			3天	
		IE工作改善	基地现场主管	外请内训	待定		2天	
	业务系列之供应链	现场八大浪费	基地现场主管、员工	外请内训	待定		2天	
	业务系列之销售与市场	采购与供应商管理；仓库管理实务	公司及事业部供应链系统员工	外请内训	待定		4天	
	管理培训之财务管理	产品推介与市场开发；大客户的战略营销；卓越的客户服务与管理	公司及事业部营销系统员工	外请内训	待定		4天	

续表

时间	课程类别	课程名称	培训对象	培训方式	培训讲师	培训地点	培训时长	培训预算
	管理培训之人力资源管理	成本分析与控制；现金流量与营运资本管理	公司及各事业部财务系统员工	外派公开课			依据财务部安排确定或依据人力资源部安排确定	
	业务系列之精益生产	管理培训之人力资源管理；基于战略的KPI设计；素质模型的建立	公司及各事业部人力资源系统员工	外派公开课				
		六西格玛（1）	事业部及基地总经理，技术、质量及生产系统的中高层人员	内训			2天	
		六西格玛（2）						

（5）全员基本职业素质

全员基本职业素质培训计划如表3-33所示。

表3-33　全员基本职业素质培训计划

时间	课程类别	课程名称	培训对象	培训方式	培训讲师	培训地点	培训时长	培训预算
	通用系列之基础职业技能	员工职业化（3批）	公司、事业部、基地等全体员工	外请内训			4小时	
		职业礼仪（3批）		内训			2小时	
		团队合作（3批）		外请内训			4小时	
		时间管理（3批）		外请内训			4小时	
	通用系列之公司文化	公司文化理念培训		内训			4小时	

（6）内部培训讲师

内部培训讲师队伍培训计划如表3-34所示。

表3-34 内部培训讲师队伍培训计划

时间	课程类别	课程名称	培训对象	培训方式	培训讲师	培训地点	培训时长	培训预算
	通用系列之基础职业技能	TTT初级培训（2批）	集团所有内部讲师	外请内训	待定		2天	
	通用系列之基础职业技能	TTT中级培训（2批）	集团所有内部讲师	外请内训	待定		2天	

（7）新员工

新员工培训计划如表3-35所示。

表3-35 新员工培训计划

时间	课程类别	课程名称	培训对象	培训方式	培训讲师	培训地点	培训时长	培训预算
		公司文化和发展历史		内训			4小时	
		员工行为规范与要求		内训			2小时	
		公司业务和相关知识		内训			2小时	
		员工礼仪		内训			2小时	
		人事和财务制度概要		内训			2小时	
		劳动安全制度		内训			2小时	
		岗位职责培训和指导		内训			2小时	
		员工试用期职业辅导计划		内训			2小时	

除以上集中面授培训外，表现优秀的员工可依据公司需求和个人成长要求参加学历提升学习（研究生、MBA等）或个性化专业技能外派培训。

10. 培训实施过程管控

为管控整个培训实施过程，确保培训目标的达成，公司在培训实施过程中应重点关注以下两个方面的内容。

（1）季度培训计划制订：以季度为单位制订培训计划，对培训工作的开展进行管控；每季度的第3个工作日由管理学院制订培训计划，提交至公司董事长或执行总裁审批并在公司范围内公告。

（2）各培训项目工作流程建立与标准化：针对各培训项目建立对应的工作流程，并逐步标准化、固定化，作为后续开展类似工作的依据，如新员工培训流程、外训流程（外出培训、外请内训）、培训项目组织实施流程、内部讲师认证流程。

11. 培训考核

为保证培训效果的达成及培训资源投入的有效性，原则上所有培训项目均需进行考核。不同培训类别的考核方式如表 3-36 所示。

表 3-36 不同培训类别的考核方式

培训类别	示例	考核方式	备注
知识类	新人入职培训、职业素质培训、5S 培训、全员生产维护培训等	满意度调查、写心得报告、笔试	具体考核方式视实际开展的培训项目的目标和公司要求确定
专业技能类	工作流程培训、岗位技能培训、精益生产工具方法等	现场实操、工作专案参与	
管理类（团队管理、业务管理）	中层管理能力提升（下属培养、团队建设等）；基层督导能力训练（工作教导、工作关系等）；各职能模块业务管理类课程	写心得报告、工作改善报告，转化为内训课程	

12. 培训总结与检讨改善

为不断改善和优化培训业务，提高培训工作的专业性和有效性，公司要求对外请内训的培训项目和公司内部的重点培训项目在开始实施前做好计划，在完成实施后形成书面报告，以总结经验和改善不足，具体工作如下。

（1）提交月度培训计划和费用预算：培训管理负责人每月末提交次月培训计划和相应的预算交人力资源总监审核。

（2）提交月度培训工作总结：培训管理负责人每月初对上月的培训工作进行总结，提交月度培训工作总结。

（3）培训管理负责人在每周周末提交周培训计划，并将周培训计划的内容告知相关人员。

（4）人力资源部培训管理人员与部门内部培训活动的开展人员进行及时沟通。

（5）培训与员工绩效挂钩，促使员工完成年度最少 × 小时的培训任务。

（6）阶段性的培训工作总结报告交由人力资源副总裁审定后，发事业部、人力资源部学习分享。

第4章
培训资源

培训资源是培训能否正常、有效开展的决定条件。LD 如果能够将培训资源整合到位，培训管理将会变得简单且容易成功；如果培训资源未整合到位，即使 LD 再努力，可能也没有办法做好培训管理。

根据培训管理体系组成全景图，在培训管理体系搭建中，资源层面的建设包括培训讲师资源，培训课程资源，培训形式，培训资料库，培训基地、物资与费用等 5 个方面的开发与管理。

培训资源可以分为两大类——硬件资源和软件资源。培训讲师资源、培训课程资源、培训形式、培训资料库属于软件资源，培训基地、物资与费用属于硬件资源。

4.1　培训讲师资源的开发与管理

培训讲师是最稀缺、最核心的培训资源之一，是培训管理体系中最重要的一种资源。

如果没有培训讲师，即便场地、设备、课件、资料、经费等条件都具备，培训也做不成。培训讲师资源的质量决定了整个培训管理体系资源层面的质量。

4.1.1　讲师获取：获取培训讲师的两条途径

组织可以通过两条途径获取培训讲师。

一条途径是内部开发，培训讲师可以是专职培训师、优秀的部门主管、专业技术人才、骨干员工、中高层管理者、拥有某项技能的兴趣爱好者等；另一条途径是外部聘请，培训讲师可以是培训机构或咨询公司的专业讲师、某领域的专家或学者、高校教师、长期稳定合作的大型供应商或客户推荐的讲师等。

通过内部开发和外部聘请获取的培训讲师各有优缺点，如表 4-1 所示。

表 4-1　通过内部开发和外部聘请获取的培训讲师的优缺点比较

获取途经	优点	缺点
内部开发	熟悉组织内部情况，培训过程中的交流较为顺畅 讲师自身能够为学员树立榜样 易于管理，便于沟通 成本相对较低	权威性相对较低 选择范围较小，难出高手 可能出现"近亲繁殖"现象 参训人员可能热情不够
外部聘请	选择范围大，可获取高质量的培训讲师资源 可以给组织带来较多的新理念、新方法、新工具 对参训人员有较大的吸引力，可获得良好的培训效果 能够提高培训的档次，引起组织内部各方的重视	对组织缺乏了解，培训失败的风险较大 培训内容以通用课程为主，有可能会让培训缺乏针对性，培训内容的适用性低 难以形成系统的培训 成本相对较高

对于具备一定的管理能力或者对内部管理要求较高的组织来说，从长远发展的角度来看，采取以内部开发和培养培训讲师为主、外部聘请培训讲师为辅的培训讲师资源安排方式更有利。

组织在内部开发和培养培训讲师，能够锻炼一部分核心员工的能力，激发他们深入研究某一领域的热情和积极性，增强他们的荣誉感。从某种程度上讲，组织在内部开发和培养培训讲师能激励优秀员工不断提升自我。

对于一些内部培训讲师无法传授的课程，组织可聘请外部培训讲师辅助教学，在此基础上，内部培训讲师应逐渐学习和内化外部培训讲师所讲授的知识。

例如某组织建立的培训讲师管理体系，将培训讲师分成了内部兼职讲师、内部专职讲师、外部讲师3类，并分别说明了这3类培训讲师类别包含的人群类别，以及相应的名单、资质、可授课程、授课形式和联系方式，如表4-2所示。

表4-2　某组织的培训讲师管理体系

序号	讲师类别	包含的人群类别	名单	资质	可授课程	授课形式	联系方式
1	内部兼职讲师	各级管理者					
		专业技术骨干					
		成功经验者					
2	内部专职讲师	一级培训讲师					
		二级培训讲师					
		三级培训讲师					
3	外部讲师	行业内的管理或技术专家、咨询顾问					
		合作供应商推荐的专家					
		合作院校教师					

4.1.2　内部选拔：选拔内部培训讲师的流程

组织选拔内部培训讲师的流程可以分成5步，分别是公布条件、申请试讲、评价考核、培训认证、聘任或续聘，如图4-1所示。

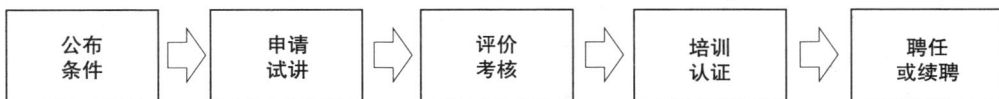

公布条件 ⇨ 申请试讲 ⇨ 评价考核 ⇨ 培训认证 ⇨ 聘任或续聘

图4-1　组织选拔内部培训讲师的流程

1. 公布条件

组织选拔内部培训讲师的第一步是公布内部培训讲师的任职资格条件，内部培训讲师的任职资格条件应当根据组织的实际需要制定。通用的组织内部培训讲师的任职资格条件可以参考如下内容。

（1）最好有一定的资历。

（2）具备基本的学习能力和一定的责任感。

（3）有出色的业绩，擅长某一个或几个领域，并有自己的独特见解。

（4）愿意帮助他人，愿意分享。

（5）思维缜密，敏感细腻，善于分析。

（6）拥有良好的沟通与表达能力，富有影响力和幽默感。

（7）有耐心、亲和力、包容心、认真、坦诚。

（8）具备与课程开发、PPT制作及授课相关的技能。

2. 申请试讲

感兴趣、想做内部培训讲师的员工可以自行申请，参加组织统一举办的试讲。这个环节最容易出现的问题是组织在发出号召后，很少有人申请。

遇到这种情况时，LD要搞清楚员工不愿意申请的原因，并针对问题重新审视申请通知和内部培训讲师的任职资格条件。

例如有的组织有关担任内部培训讲师的奖励机制没有吸引力；有的组织甚至把内部培训讲师的授课行为定义成义务工作，内部培训讲师不会因此获得任何奖励。

俗话说"台上一分钟，台下十年功"，内部培训讲师准备一套完整的课程需要耗费大量的时间和精力，如果组织不设置任何奖励机制，员工就没有参与的动力。

奖励太少也是起不到作用的，例如有的组织给内部培训讲师的奖励是授课1次奖励100元，而且该组织还要求内部培训讲师必须由中层及以上管理者担任，此奖励机制与中层及以上管理者的薪酬相比，毫无吸引力。

此外，要吸引内部优秀的员工担任培训讲师，物质奖励是最基本的，但不应是唯一的，必要的荣誉、福利和组织认可等也很关键。

LD要审视是否存在部门负责人因为担心妨碍员工正常工作的开展而不允许员工做内部培训讲师的情况。如果确实存在这种情况，LD可以请高层管理者加大宣导力度，也可以规定存在内部培训讲师的部门管理者能获得一定的奖励。对部门管理者的奖励不一定是物质方面的，也可以是荣誉方面的，还可以是职业发展方面的。

例如有的组织规定某部门每出现一位培训讲师，该部门的负责人每年除了参与正常组织的培训学习外，可以额外享受两天自主选择的带薪的外部培训学习机会。这种奖励本身也是该组织对重视员工的学习成长的一种暗示。

3. 评价考核

这一步是组织对申请参加试讲的候选人进行评价和考核的过程。这里的评价和考核指的不仅是对员工试讲情况的评价和考核，更重要的是对员工日常工作情况的评价和考核。

在员工申请之后，试讲开始之前，LD一要按照内部培训讲师的任职资格条件进行筛选；二要详细了解候选人日常工作中的态度、能力和绩效，有必要时，LD应和候选人所在部门的管理者及同事沟通，以了解情况。

对候选人进行评价和考核，首先看态度，其次看绩效，最后看能力。

对于从来没有担任过内部培训讲师的员工，在内部培训讲师需要的基本技能方面有所欠缺是可以理解的，LD 后续可以有针对性地对员工进行技能方面的培训。但要想担任内部培训讲师，员工的态度一定要端正，而且员工平时工作积极性应比较高，充满正能量。如果内部培训讲师的态度不端正，组织又怎么相信他能够培养出态度端正的学员呢？

对于绩效比较差的员工，即便他的个人能力很强（可能是其他的环境因素造成了他的绩效比较差），LD 也可以考虑暂时不把他选拔为内部培训讲师。因为如果让绩效比较差的员工担任内部培训讲师，可能会给其他员工一种心理暗示，那就是组织可以选拔和容忍绩效差的人，这不利于在组织内部形成良好的绩效管理文化。LD 可以想办法帮助绩效差，但态度较好和能力较强的员工提升绩效水平，在他的绩效得到改善之后，再选拔他为内部培训讲师。

4. 培训认证

初步选拔出的具备成为内部培训讲师的潜质的员工中，有很多人通常不具备担任内部培训讲师需要具备的经验提取、授课表达、课程设计、课程制作等相关能力。即便有人具备这些能力，但他的能力是否达到组织的要求，他能否按照组织的最新需要来运用相关能力，也是不一定的。

所以 LD 要统一组织 TTT。培训结束之后，LD 要对参训人员进行认证，通过认证者才有资格被聘任为内部培训讲师；认证不通过者，不能被聘任。

在组织 TTT 时，LD 需要注意遵循如下原则。

（1）课程要实用，培训的内容要能用于解决实际问题。组织为培训讲师提供的培训课程是否实用，不仅影响着 TTT 本身的质量，还直接影响着内部培训讲师将来对培训学员做的培训是否具有实用性。

（2）进行 TTT 时，不要只是台上的培训讲师讲，底下的参训人员听。培训讲师要给参训人员实战的机会，让参训人员陆续上台试讲，培训讲师和其他参训人员点评。LD 应把这一培训过程既定位成参训人员增长知识的过程，又定位成他们提升技能水平的过程。

（3）TTT 要定期组织，至少每年一次。TTT 不仅要求报名参加内部培训讲师选拔的候选人参加，已经被选拔成为内部培训讲师的员工也要定期参加。参与复训的内部培训讲师也要参与培训和接受认证，对于认证不通过的，LD 可以取消其内部培训讲师的资格。

5. 聘任或续聘

对于新通过认证的内部培训讲师候选人，组织可以聘任；对于已经成为组织内部培训讲师，复训后认证通过的，组织可以续聘。如果组织的战略、机构、流程、员工等因素随时间变化较大，内部培训讲师可以每年聘任一次；如果这些因素的变化比较小，则可以每 2~3 年聘任一次。

LD 对内部专职培训讲师和兼职培训讲师的选拔可以采取相同的策略，两者之间的差异可以主要表现在他们后续开展工作的方式及他们未来的职业发展路线上。

4.1.3　讲师激励：激发内部培训讲师的动力

培训讲师的态度和能力对培训效果影响非常大，培训讲师具有正确的工作态度对培训目标的实现至关重要。为了促进内部培训讲师的成长和发展，LD应当对内部培训讲师进行分类和分级管理，并在培训管理制度中明确相关规定。

针对内部专职培训讲师，LD可以设计管理和技术两条发展通道，制定相应的晋升标准。有的人适合专注于培训授课或研究课题，不愿意带领团队，可以走技术通道——由文员晋升为三级培训师，然后由三级培训师晋升为二级培训师，再晋升为一级培训师；有的人比较擅长并愿意带团队，具备一定的专业素质和领导能力，可以走管理通道——由文员晋升为主管、经理，再晋升为高级经理。内部培训讲师职业发展路线如图4-2所示。

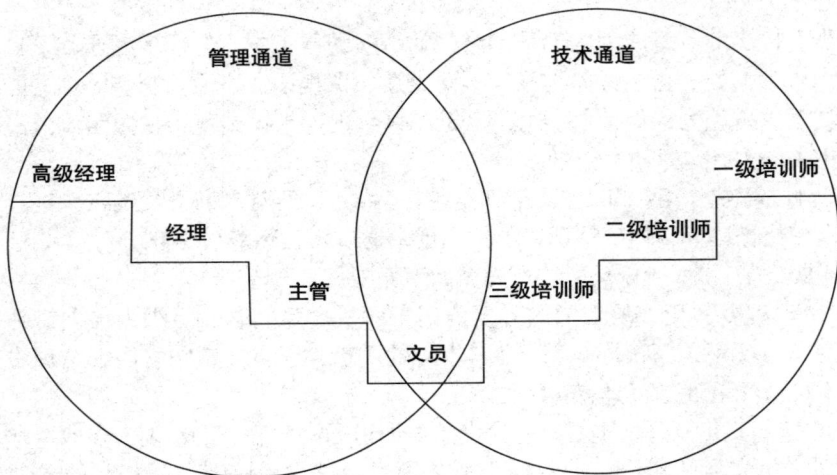

图4-2　内部培训讲师职业发展路线

无论是内部专职培训讲师还是兼职培训讲师，授课后达到组织期望效果的，组织除了发放课时费之外，还可以给予其荣誉奖励、个性化福利或职位晋升机会等，以激发内部培训讲师的活力和积极性。

1. 荣誉奖励

LD对内部培训讲师应当定期评估，定期在组织范围内公开表扬。对表现优秀的内部培训讲师，组织可以给予其较高的荣誉奖励。

2. 个性化福利

对优秀的内部培训讲师，组织可以给予其彰显身份的个性化福利。为了体现组织对培训工作的重视，这种个性化福利可以是组织的其他员工无法获得的。

3. 职位晋升机会

不论组织在员工职业发展方面采取任命制、竞聘制还是积分制，员工作为内部培训讲师的优异表现都应当成为组织给予其职位晋升机会的重要参考信息。对于担任内部培训讲师且培训效果良好的员工，组织应当优先予以晋升。

4.1.4 讲师管理：选拔外部培训讲师

考虑到内部人才在授课方面的专业程度，组织对内部培训讲师的选拔可以相对宽松一些，可以在对内部培训讲师授课技巧的培养上多下功夫。然而对外部培训讲师的选拔，就不能像对内部培训讲师那样宽松。

组织寻找外部培训讲师是因为内部培训讲师在某一方面的信息或能力有所欠缺，需要外部培训讲师补足，所以外部培训讲师必须具备一定的专业素养、相当丰富的经验和较高的能力水平。组织在选拔外部培训讲师时，需要注意如下几点。

1. 只选对的，不选贵的

外部培训讲师需要具备培训课程开发能力、培训项目开发及授课的经验。总之，适合的才是最好的。名校毕业的背景、多年的工作经验、丰富的授课经验、某大型公司高管的背景等宣传噱头并不能作为外部培训讲师符合公司需要的证明，且选拔这类外部培训讲师的成本往往较高。

所以，组织在选拔外部培训讲师时，要重点关注其擅长的培训主题、内容、风格是否符合组织的需要。

2. 不看广告，要看"疗效"

再好的广告也不如顾客亲自体验试用后的感受。在引进外部培训讲师之前，LD应当亲自试听一下他的课程。同时，组织应当让外部培训讲师提供其培训效果较好的证明。例如，好的培训效果不仅仅体现为课堂氛围活跃，更重要的是组织的某些环节真正发生了有益变化。

3. 了解背景和口碑

试听效果和外部培训讲师提供的证明资料还不足以构成 LD 选择外部培训讲师的依据，尤其是在选择组织期望长期合作的外部培训讲师时。在外部培训讲师提供证明资料后，LD 应当像在招聘环节实施背景调查一样，了解外部培训讲师的背景和口碑。

4.2 培训课程资源的开发与管理

培训课程是承接培训讲师的观念、知识、技能等信息的载体，培训课程资源的质量直接影响着培训效果。好的培训课程能够让参训人员快速接收信息，有效地内化信息，准确地应用信息。

4.2.1 课程种类：7 类培训课程

根据要达到的目标的不同，培训课程可以分成 7 类，分别是流程类、过程类、结构类、概念类、原则类、事实类和区别类。这 7 类培训课程具有不同的功能，组织根据要解决的不同问题，可以选择 7 类培训课程中的一种或几种的组合。

1. 流程类

流程类培训课程的内容一般是完成某项任务的步骤，例如完成某任务的第一步、第二步、第三步分别是什么。这类培训课程的目的通常是教会员工某种操作技能，这类课程的评估通常基于员工的实际操作进行。

例如主题为"如何组装一把椅子"的培训课程，应当划分为流程类。

2. 过程类

过程类培训课程的内容一般是某个事物转变所需要经历的过程。过程类和流程类培训课程的不同之处在于，流程类培训课程的内容聚焦于操作层面的步骤，而过程类培训课程的内容聚焦于某个事物发展变化的过程。这类培训课程一般是想让参训人员学习并了解相关过程，并不一定需要参训人员实际操作。

例如主题为"组装椅子的零件是如何生产出来的"的培训课程，应当划分为过程类。

3. 结构类

结构类培训课程的内容一般是对某个事物内部分类、层级、关系的描述。这类培训课程的目的通常是让参训人员对事物内部的整体性和关联性进行把握。

例如主题为"一把椅子都由哪些部分组成"的培训课程，应当划分为结构类。

4. 概念类

概念类培训课程的内容一般是对某个事物的具体定义。这类培训课程的主要目的是让参训人员正确认识或识别某个事物。

例如主题为"什么是椅子"的培训课程，应当划分为概念类。

5. 原则类

原则类培训课程的内容一般是事物运行的规律或人们要运用某个事物时需要遵循的普遍规律。这类培训课程的主要目的是让参训人员认识到对于某个事物，什么能做、什么不能做。

例如主题为"椅子是用来坐的，不是用来吃的"的培训课程，应当划分为原则类。

6. 事实类

事实类培训课程的内容一般是描述关于某个事物的事实信息、发生经过或客观属性。这类培训课程的主要目的是帮助员工认清事实。

例如主题为"椅子有4条腿"的培训课程，应当划分为事实类。

7. 区别类

区别类培训课程的内容一般是某个事物都有哪些类别，同一类别中有哪些相似的事物。这类培训课程的主要目的是帮助员工区分事物。

例如主题为"椅子有哪些类别"的培训课程，应当划分为区别类。

一个培训课程中可能有这7类培训课程中的一类，也可能有两类或多类的组合，具体可以根据培训目的、课程时间、参训人员等实际情况进行确定。实务中，培训的主要目的是提升参训人员的职业技能水平，一般以流程类培训课程居多。

在开发培训课程的时候，课程开发人员最容易犯的错误是把 A 类培训课程设置成 B 类培训课程。最常见的错误之一是把流程类培训课程设置成概念类或原则类培训课程，结果员工获得的更多的是知识的增长，而不是职业技能水平的提升，培训就达不到预期的效果。

举例

一家生产加工椅子的企业新入职了一批椅子组装岗位的员工。企业需要对他们实施椅子组装方面的培训，教会他们组装椅子方面的技能，从而使他们能够达到岗位的操作要求。这时候，企业的培训课程应当如何设置呢？

（1）流程类培训课程一定需要。不仅需要，这类培训课程还应当作为培训的重点。同时企业要在培训中设置实操环节，让新员工实际体验整个操作流程。

（2）过程类培训课程就不需要了。因为有了流程类培训课程，新员工在实操过程中就能了解过程类培训课程的内容。

（3）结构类培训课程可能需要。因为在组装椅子的时候，新员工需要了解他组装的椅子都由哪些部件组成。通过对椅子这个产品的整体了解，新员工更容易掌握相应技能。加深认识后，新员工也能够减少组装过程中的错误。

（4）概念类培训课程可能也不需要。新员工不是研究椅子的生产技术的，只负责对椅子进行组装，因此可能不需要知道概念类的内容。

（5）原则类培训课程可能需要。新员工不需要了解一些概念层面的原则，但是需要掌握一些操作层面的基本原则。

（6）事实类培训课程可能也不需要。该岗位的工作以实操为主，事实是什么，员工肉眼可见。

（7）区别类培训课程是否需要要看情况。如果新员工需要组装不同类别的椅子，则需要了解不同椅子的区别和组装流程。如果新员工只是组装同一种椅子，则不需要设置区别类培训课程。

在培训课程开发过程中，LD 应当时刻审视课程开发人员开发的培训课程内容是否能够达到培训的预期目的，课程中是否存在没必要出现的内容。LD 要发现问题并即时优化，以免浪费培训资源。

4.2.2 结构设计：课程设计的逻辑

成年人的学习特点之一——强调学以致用。因此，设计培训课程首先需要引起参训人员的注意，让其主动发现问题，然后给予其理论指导并让其在实战中有效地演练和运用，通过解决问题进行总结反思。培训课程设计的逻辑如图4-3所示。

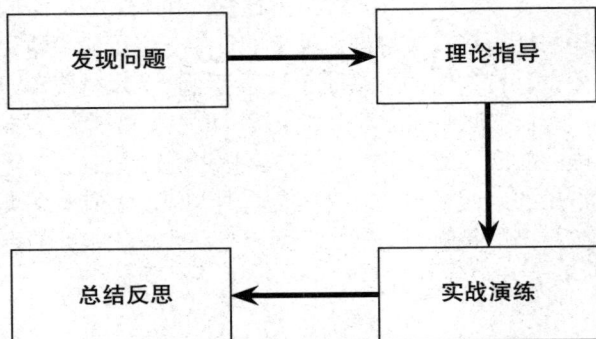

```
┌──────────┐            ┌──────────┐
│  发现问题  │  ──────▶  │  理论指导  │
└──────────┘            └──────────┘
                              │
                              ▼
┌──────────┐            ┌──────────┐
│  总结反思  │  ◀──────  │  实战演练  │
└──────────┘            └──────────┘
```

图4-3 培训课程设计的逻辑

1. 发现问题

培训的目的是解决问题，但参训人员很可能在培训开始之前没有意识到问题的存在，或已经意识到问题的存在，但是对问题的认识不深刻、不全面、不到位。

因此，在培训刚开始时，培训讲师要通过游戏、提问、测试、案例研讨等方式吸引参训人员的注意力，启发参训人员的思维，帮助其发现问题，激发其学习欲望，提升其认知水平。

在发现问题的环节，参训人员应充分参与，主动发现问题。在这一环节的最后，培训讲师可以在参训人员思考的基础上进行分析、汇总、总结和升华，让参训人员对问题形成统一的认识，提高参训人员对后续课程内容的接受度。

2. 理论指导

发现问题后，培训讲师可以开始讲授正式的课程，也就是对参训人员进行有关解决问题的科学方法的理论指导。

在设计这部分培训课程的内容时，培训讲师应当注意始终遵循保持培训课程简单易懂（Keep It Simple and Stupid，KISS）的原则，让所有内容尽量简单易懂，尽量不要有过多复杂的原理。

在这个部分，培训讲师需要多用故事、案例、互动游戏、名言警句、权威观点、音乐、图片、视频等素材来呈现课程的内容，以及用统计数据、事实等支持性的信息增加课程内容的可信度，让原本抽象的内容变得生动形象，便于参训人员快速学习和理解。

培训讲师在设计这部分内容的时候要时刻注意站在参训人员的角度思考，通过把自己当成参训人员，不断问自己"这对我有什么用？"来保证培训课程内容是针对参训人员需求的、解决实际问题的方法，而不是空洞的理论。

3. 实战演练

戴尔·卡内基（Dale Carnegie）说："一两重的参与胜过一吨重的说教。"成年人喜欢在实战中学习，期待用学到的内容解决实际问题，喜欢参与、讨论与互动。所以在设计课程内容时，培训讲师应尽量设计让参训人员实战演练的环节。

实战演练的环节不仅能够让参训人员在培训过程中获得练习的机会，而且能够让培训讲师对参训人员的实际操作情况实施一定的点评、纠正或指导，巩固培训的内容，加深参训人员的印象，加强培训的效果。

一切不具备实用性的培训课程都是没有效果的。就算培训课程的理论体系非常完善，但如果相关内容无法应用于实践，那培训就是无效的。

所以重要的不是培训讲师有多么博学多才，也不是他在培训过程中教了多少知识，而是参训人员真正能学到多少，能将多少培训内容真正地运用于实践，运用后又产生了多少正面的效果。

4. 总结反思

在培训课程的最后，应有总结反思的环节。参训人员通过对培训课程的内容进行进一步的研究、交流、探讨，将学习所得升华，深入反思自身与学习目标之间还存在多大差距，应继续做出哪些方面的努力，从而不断提升自己。

4.2.3 课程开发：培训课程开发流程

培训课程的开发不仅要遵循一定的设计逻辑，还要注重培训课程设计之前的目标确定和任务分析，培训课程设计之后的课程内容的实际应用及应用效果的反馈与评价。培训课程开发流程如图4-4所示。

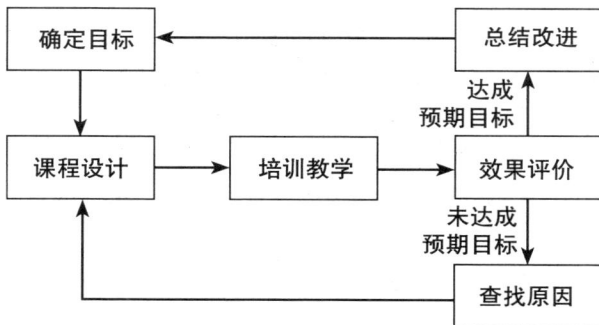

图4-4 培训课程开发流程

1. 确定目标

在开发培训课程之前，培训讲师要明确培训课程主要针对的是哪些痛点、具体要解决哪些问题、想达到哪些目标。针对要达到的目标，培训讲师要分析解决问题需要设置的工作任务及培训课程需要包含的具体内容。

2. 课程设计

培训讲师应基于对目标和培训课程内容的确定，根据培训课程的结构设计培训课程。建筑物的建设流程一般是先搭骨架，再填充混凝土，最后进行装修。培训课程的设计也是同样的道理。

在课程设计环节，在确定培训课程的主题之后，一般需要先确定主题分成几个部分，每个部分有几个标题，再确定每个标题下包含哪些内容，最后进行整体性、系统性的优化。课程内容框架如图 4-5 所示。

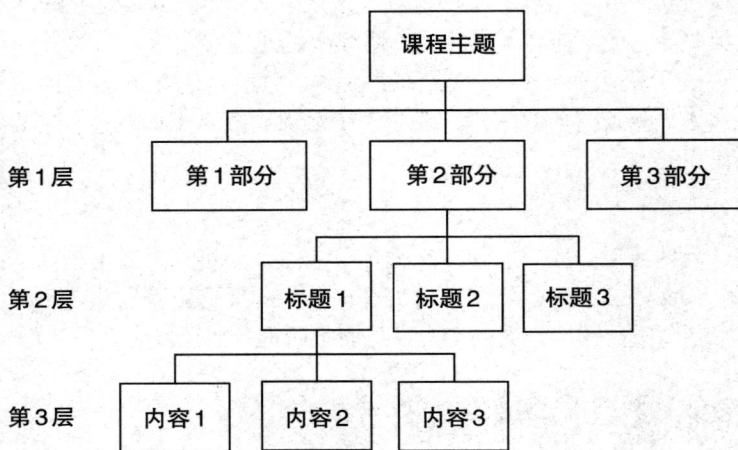

图 4-5　课程内容框架

整个课程内容框架的设计遵循"论点—论据—论证"的逻辑顺序，详细介绍如下。

（1）课程主题应言简意赅，参训人员应能够通过课程主题看出该培训课程要解决的主要问题。每个培训课程要解决的问题最好是具体的某一个或某一类问题，内容较宽泛的培训课程往往达不到良好的效果，而且不容易被参训人员接受。

例如课程主题为"如何组织一场会议"就是比较可取的，课程主题为"会议管理与企业文化"就显得内容较为宽泛。

（2）培训课程的各部分内容之间应当相对独立，对说明课程主题都应当具有一定的支撑作用。

（3）标题是对各部分内容的细分，用来支撑各部分的内容。

（4）内容是对标题的展开，用来支撑标题。

3. 培训教学

完成课程设计之后，就可以开始培训教学了。有条件的组织在实施正式的培训之前可以先进行小范围的试讲，以便及时发现培训课程的不足之处，并及时改正。

4. 效果评价

在培训教学后，通过对培训效果的评价，LD能够明确该培训课程是否达成预期目标。如果达成预期目标，那么做一定的总结改进之后，LD可进行新一轮培训目标的确定；如果没有达成预期目标，LD要及时查找原因，对课程进行重新设计或修改。

培训课程经过多次设计和完善后，可以考虑定版，之后随着环境的变化，再不断进行修订。

一般来说，定版后的培训课程一般保持一年至少修订一次的频率。有条件的组织可以在每次培训之前根据行业变化、当下热点和参训人员类别进行修订，以提升培训效果。

4.2.4 体系清单：培训课程体系管理

当组织有了一个个培训课程之后，就可以形成培训课程体系。培训课程体系是组织战略目标和能力体系的课程化表现。

组织可以在培训需求调研的基础上，以组织战略、经营目标为指引，根据各个岗位的族群、序列、角色、职级，以及各个岗位的胜任力模型，结合业务流程进行梳理，有效建立培训课程体系。

培训课程体系清单如表4-3所示。

表4-3 培训课程体系清单

大类	小类	课程名称	课程内容	预期效果	可选培训讲师
管理技能	高层管理者	战略管理			
		组织机构设计			
		品牌管理			
管理技能	高层管理者	风险控制			
		领导艺术			
		如何决策			
		人才的选用育留			
	中层管理者				
	基层管理者				
岗位技能	营销技巧				
	生产运营				
	人力资源				

续表

大类	小类	课程名称	课程内容	预期效果	可选培训讲师
岗位技能	财务管理				
	技术研发				
	采购管理				
	质量管理				
	仓库管理				
	物流管理				
	客户服务				
通用技能	个人成长				
	新员工培训				

上表按照技能类型划分出了大类，又按照岗位层级或属性划分出了不同的小类，并展现了具体的课程名称、课程内容、预期效果以及可选培训讲师。根据组织的不同需要，这张表中还可以增加课程目的、授课形式、课程时间、课程版本、往期反馈等内容。

培训课程体系建设要根据组织的实际情况进行，并参考培训需求分析结果或岗位胜任力模型。不具备这方面管理基础的组织可以参考管理技能、岗位技能和通用技能的通用课表，如表4-4所示。

表4-4　管理技能、岗位技能和通用技能的通用课表

大类	小类	课程名称
管理技能	高层管理者	战略管理、组织机构设计、组织文化、品牌管理、风险控制、领导艺术、如何决策、人才的选用育留
管理技能	中层管理者	团队建设、沟通技能、组织知识管理、员工激励、执行技能、人才的选用育留、会议管理、情绪管理、目标管理、非财务人员的财务管理、非人力资源人员的人力资源管理
	基层管理者	目标管理、计划管理、团队建设、沟通技能、解决问题、执行技能、会议管理、情绪管理、员工关系管理
岗位技能	营销技巧	电话销售技巧、客户服务技巧、渠道销售技巧、经销商管理、专业销售技巧、大客户销售、顾问式销售、客户关系管理、销售呈现技巧、双赢商务谈判
	生产运营	生产计划、现场管理、安全管理、品质控制、成本控制、设备管理、工艺管理、流程管理、订单管理
	人力资源	岗位管理、招聘管理、培训管理、素质模型、薪酬管理、绩效管理、劳动关系、人才测评、职业生涯管理、培训讲师管理、战略管理

大类	小类	课程名称
岗位技能	财务管理	统计核算、报表编制、现金管理、单证管理、成本管理、资产管理、税务筹划、预算管理、财务预测、管理会计
	技术研发	创新意识、产品知识、研发项目管理、研发项目管理沙盘、产品需求分析、产品中试管理、研发成本控制、研发质量管理
	采购管理	诚信意识、报价方法、谈判技巧、采购预算管理、供应商管理、合同管理、市场调研
	质量管理	品质控制流程、质量检验方法、全面质量管理、质量控制的数理基础、统计质量控制的常用工具和方法、产品生命周期质量分析和控制技术、质量可靠性分析
	仓库管理	仓储管理流程、仓库系统使用、供应链计划、库存管理、仓库数据分析
	物流管理	物流质量管理、报检流程、报关流程、物流系统、商品包装管理、物流运筹管理、物流成本管理
	客户服务	客户关系管理、客户服务原则、沟通技巧、电话礼仪、接待礼仪、如何有效提问、服务用语、肢体语言
通用技能	个人成长	自我认知、人生规划、时间管理、压力管理、情绪管理、团队意识、沟通技巧、人际关系、个人知识管理、个人品牌管理、身体品质管理、心态塑造、如何处理问题、文书写作、办公软件使用
	新员工培训	组织文化、发展历程、规章制度、消防安全

4.3 培训形式

有时候，组织的培训达不到预期效果是因为培训形式太单一。最常见的就是很多组织无论要满足什么样的培训需求，采取的培训形式都只有一种，就是把参训人员聚集在一起上大课，而且上课的形式很像开会做报告。有的培训讲师甚至坐在讲台前全程对着计算机屏幕讲。组织不重视培训形式，培训效果就无法得到保障。

4.3.1 优先顺序：培训形式的优先级

根据每期培训预计要达到的培训效果的不同，组织应该采取不同的培训形式。培训不应仅仅局限于采用集中的课堂讲授形式，还有多种多样的培训形式可以采用。不同的培训形式不仅使培训丰富多彩、富有趣味性，而且更加有效。

针对不同的培训目标，不同培训形式的优先级如表 4-5 所示。

表 4-5　不同培训形式的优先级

培训形式	学习知识	改变态度	解决问题	改善人际关系
讲授法	3	8	6	7
讲座法	8	7	7	8
角色扮演	2	2	3	1
拓展训练	5	4	2	3
模拟演示	4	5	1	5
团队合作	7	1	5	2
头脑风暴	1	3	4	4
视频教材	6	9	9	6
远程教育	9	6	8	9

上表中的数字代表优先级，数字越小，培训形式排名越靠前，越应优先选择。

例如某个培训课程的目标是让员工学习某类固定的知识，那么运用头脑风暴的培训形式效果最好，运用远程教育的培训形式效果最差。

如果某个培训课程的目标是让员工改变态度，那么运用团队合作的培训形式效果最好，运用视频教材的培训形式效果最差。

如果某个培训课程的目标是让员工掌握解决问题的技巧，运用模拟演示的培训形式效果最好，运用视频教材的培训形式效果最差。

如果某个培训课程的目标是让员工掌握改善人际关系的技巧，运用角色扮演的培训形式效果最好，运用远程教育的培训形式效果最差。

表 4-5 所示的培训目标、培训形式和培训效果之间的对应关系来自经验，并不一定适合所有的组织。有条件的组织可根据自身实际情况和以往的数据积累制作更有针对性的培训形式优先级表，同时可以根据需要增加更多培训目标或培训形式的内容。

4.3.2　分类比较：培训形式的优缺点比较

常见的培训形式可以分成四大类，分别是直接传授类、游戏参与类、实践参与类和远程教育类。这四大类培训形式各有优缺点。

1. 直接传授类

常见的直接传授类培训形式可以分为讲授法和讲座法两种，它们的优缺点比较如表 4-6 所示。

表4-6 讲授法和讲座法的优缺点比较

类别	优点	缺点
讲授法	知识比较系统、全面 有利于大范围地培养人才 对培训环境的要求不高 有利于培训讲师的发挥 学员能够向培训讲师请教疑难问题	一次传授的内容多，学员难以完全消化 不利于教、学双方的互动 不能满足学员个性化的需求 培训讲师的水平直接影响培训效果 学过的知识不易巩固
讲座法	不占用大量的时间，形式比较灵活 可随时满足学员某一方面的培训需求 学员易于加深对培训内容的理解	讲座中传授的知识相对单一 培训内容可能不具备较强的系统性

2. 游戏参与类

常见的游戏参与类培训形式可以分成角色扮演和拓展训练两种，它们的优缺点比较如表4-7所示。

表4-7 角色扮演和拓展训练的优缺点比较

类别	优点	缺点
角色扮演	参与性强，学员与培训讲师之间的互动交流充分 学员间可以互相学习，学员参与培训的积极性较高，有利于增强培训效果 学员能够及时认识到自身存在的问题并进行改正，使各方面能力得到提升 时间、形式等具有高度灵活性，培训讲师可以根据培训的需要改变学员扮演的角色，调整培训内容	场景是人为设计的，如果设计者没有较强的设计能力，设计出来的场景可能会过于简单，使学员得不到真正的锻炼 实际工作场景复杂多变，而角色扮演中的场景是静态的、不变的 角色扮演中体现出的问题往往仅针对个体，不具有普遍性
拓展训练	以体验活动为先导，培训内容丰富 学员身体力行地理解培训内容 学员能够体会到发自内心的胜利感和自豪感 大型的分组活动能增强学员的团队合作意识 有利于实现学员心理健康水平、体能水平、智能水平的共同提升	可能会被看作一种旅游形式或体育运动 若组织不力，有人会心不在焉 若项目不够新颖，或流于形式，很难激发学员的热情 学员可能遇到危险 培训费用较高

3. 实践参与类

常见的实践参与类培训形式可以分成模拟演示、团队协作、头脑风暴三种，它们的优缺点比较如表4-8所示。

表4-8　模拟演示、团队协作、头脑风暴的优缺点比较

类别	优点	缺点
模拟演示	有助于激发学员的学习兴趣 可利用多种感官，做到看、听、想、问相结合 感受直观，有利于学员获得感性知识 有助于加深学员对所学内容的印象	适用范围有限，不是所有培训内容都能被模拟与演示 设备或装置移动不方便，不利于培训场所的变更 操作前需要耗费一定的成本和精力
团队协作	有利于增强学员的团队意识 利用团队的群体压力增强培训的效果 利用团队实现培训期间对培训学员的管理 利用学员的集体荣誉感增强其参与意识	对培训场地有一定的要求 对团队中队长人选的能力和主动性有一定要求 管理不善可能引起学员对培训的抵触
头脑风暴	学员能主动提出问题，表达个人的感受 有助于激发学员的学习兴趣 有助于鼓励学员积极思考，提升能力 有助于加深学员对知识的理解 学员通过讨论交流可以取长补短、互相学习	若引导不善，可能使讨论漫无边际 学员自身能力水平会影响培训的效果 不利于学员系统地掌握知识和技能

4. 远程教育类

常见的远程教育类培训形式可以分成视频教学和远程教育两种，它们的优缺点比较如表4-9所示。

表4-9　视频教学和远程教育的优缺点比较

类别	优点	缺点
视频教学	不需要学员处在同一空间内 安排灵活，学员可充分利用碎片时间参与，不需中断工作 一定程度上比听讲或参与讨论更能给学员留下深刻的印象 能够让学员有一定的新鲜感，容易引起学员的兴趣 可反复使用	较难找到合适的视频教材 视频教学的实现需要投入一定的培训费用，有的组织由于资金限制，往往无法购买相关的产品或技术 对针对某类目标的培训，比如沟通技巧，视频教材的培训效果较差
远程教育	不需要学员处在同一空间内 比视频教学的互动性更强，培训讲师能够及时回答学员的问题	对网络及相关设备或系统有一定要求 学员的体验感不如现场教学好 教师、学员双方交流不充分

4.4　培训资料库的开发与管理

培训资料库是宏观的、与培训相关的所有资料的存放地。在知识管理做得好的组织中，培训资料库是能够和组织的知识管理系统结合在一起的。有的组织把培训资料库设置为内部的"图书馆"。

4.4.1　知识管理：培训资料库的意义

培训资料库用于存放和管理培训中产生的、当前或将来能用到的、能转化为培训课程的，以及还没有被开发的知识型资料。它可以是实体的，也可以是虚拟的。管理能力较强的组织可以让培训资料库包罗万象，发挥更大的作用；管理能力不足的企业也可以将其定位成与培训相关的资料的存放地。

在培训之前、培训过程中和培训之后形成的纸质版、电子版的相关资料都可以存在培训资料库中。这些资料中时常会有一些非常珍贵的内容，比如有的是培训过程中参训人员的经验总结，有的是参训人员对一些问题的讨论结果，有的是参训人员提出问题后，培训讲师现场回答的记录，等等。这些资料往往能为培训课程内容升级提供支持，或者有可能成为下一次培训的内容。

所有在组织日常运营中或培训管理过程中产生的对改善组织经营管理的流程、方法起作用的管理思路的资料，也都可以存放在培训资料库中。比如组织的某个流程刚制定出来，但是除了发通知之外，组织还没有有效地向员工传达该流程的渠道，这时候 LD 应当把该流程存入培训资料库，以便后续出现培训需求时抓取相关培训课程的开发需求资料。

通过这种方式，当组织有了某个方面的培训需求的时候，LD 可以快速地查找资料，帮助培训讲师开发课程。收集资料的过程本身能够帮助 LD 了解组织内外部环境的发展变化，时刻关注组织的培训需求，并为满足这些需求做好前期准备。

如果 LD 持续了解组织的变化情况并持续进行培训资料库管理，培训资料库就能够升级为组织的知识库。升级为知识库的培训资料库能够为组织的绩效改善提供较大支持，因为知识库中可能存在大量影响员工能力或者与绩效改善相关的重要信息。

但是知识库并不是每个组织都能有或者都需要有的，知识库的建设需要投入一定的管理成本。对于在培训管理方面刚起步或者还处在初级管理阶段的组织，其可以先做好培训档案的存储和管理；对于在培训管理方面已经做得比较成熟的组织，建立知识库则能进一步提高培训的效率并增强培训的效果。

4.4.2　资料类别：资料的八大类别

培训资料库中可以保存的资料分为八大类。

1. 规范类

这类资料包括国家政策、法律法规以及组织的规章制度、流程方法、行为规范等。

2. 技术类

这类资料包括组织内正在或将要使用的技术、流程、标准等。

3. 信息类

这类资料包括各类动态和静态的信息，如市场信息、销售数据、行业信息、员工信息。

4. 工具类

这类资料包括组织为使员工更好地完成工作而提供的虚拟工具，比如管理模型、视频资料。部分用于培训展示的实物或可供参观的实物模型也可算在内。

5. 经验类

这类资料包括内部优秀的培训讲师、参训人员分享的经验以及外部培训讲师、合作机构的课程资料或分享的经验。

6. 档案类

这类资料包括基于组织的各类培训产生的档案。

7. 书籍类

这类资料包括组织需要的各类书籍。

8. 其他

这类资料指其他无法归类到以上 7 类中的，但对组织有价值的资料。

培训资料库中的资料可以通过以下途径获取。

1. 管理会议

组织日常的战略研讨会、总经理办公会、经营分析会、工作协调会等管理会议中形成的会议纪要，对企业经营管理相关事项的讨论、想法、决议等，正式或非正式的组织文件等都值得存档。

2. 专家意见

如果有某领域的专家到组织进行培训、座谈、参观等，可能会形成一些对组织有价值的资料。

3. 具体事件

当组织发生某类特殊事件时，围绕该事件可能会形成一系列有价值的资料。

4. 网络、书籍

组织通过搜索引擎、网络文库、行业网站、自媒体平台、书籍等往往可以收集到许多有价值的资料。

5. 培训本身

培训过程本身就会产生大量有价值的资料，比如培训讲师回答参训人员的提问、参训人员之间通过讨论得出的结果等。

4.4.3 查阅流程：培训资料查阅流程

LD 对培训资料库，尤其是对存放重要资料或涉密资料比较多的培训资料库要慎重管理，遵循保密性原则。LD 要参考档案室对资料的管理方法，对资料的查阅、复制，按照人员的类别设置权限。企业各类别人员对培训资料的查阅权限如表 4-10 所示。

表 4-10　企业各类别人员对培训资料的查阅权限

人员类别	是否可查看 本部门相关资料	是否可查看 其他部门相关资料	是否可借阅 相关资料	有无复制权限
企业学堂校长	是	是	是	有
副总级 / 企业学堂 副校长	是	是	是	无
总监级 / 培训讲师	是	否	是	无
经理级	是	否	否	无
主管级及以下	否	否	否	无

对于没有权限，但有查阅资料需求的员工，必须接受具备相关权限人员的审批。在审批流程中，将用到培训资料查阅申请表，如表 4-11 所示。

表 4-11　培训资料查阅申请表

姓名		岗位级别	
所在部门		所在岗位	
查阅资料内容		查阅目的	
是否借阅		是否需要复制	
相关权限人员签字		申请日期	

对于培训资料的查阅情况，LD 必须要建立台账予以记录，如表 4-12 所示。

表 4-12　培训资料查阅登记台账

日期	文件内容	文件编号	文件类别	查阅目的	是否借阅	是否复制	备注

4.5 培训基地、物资和费用管理

培训基地、培训物资和培训费用是培训硬件资源，与培训软件资源同样重。

4.5.1 基地管理：实现不同功能和效果

对于没有专门建设培训基地的组织，培训基地可以理解为培训场地。不论是否有专门的培训基地，LD 都可以通过培训基地 / 场地管理表进行管理，如表 4-13 所示。

表 4-13　培训基地 / 场地管理表

培训基地 / 场地	面积	编号	所在地点	容纳人数	适宜培训形式	具体情况	管理人

LD 想要组织一场培训的时候，拿出这张表，就能够快速地查看每个培训基地 / 场地的情况。

在实操环节中，LD 还可以根据需要在表 4-13 中加入多列，例如该培训基地 / 场地已经排了哪个时间的什么课程，这样 LD 能够快速了解该培训基地 / 场地在什么时间段是可以使用的。

不同培训场地布置方法的适用人数、适合培训类型不同，如表 4-14 所示。

表 4-14　不同培训场地布置方法的适用人数、适合培训类型

培训场地布置方法	适用人数	适合培训类型
传统课桌 / 阶梯形排列	40~200	适合大型、传统的培训
长排方形排列	30~50	适合中型的培训
圆形排列	10~30	适合游戏等开放式的培训
单一矩形桌排列	10~20	适合研讨等半开放式的培训
单一通道型	20~40	有利于培训内容的传授
双通道型	30~80	有利于培训内容的传授，适用于大型培训
开放的长方形排列	10~20	适合研讨、游戏等半开放式的培训，有利于培训讲师和学员沟通
U 形桌椅排列	10~20	适合研讨、游戏等开放式的培训，有利于培训讲师和学员沟通
U 形椅子排列	10~20	适合研讨、游戏等开放式的培训，有利于培训讲师和学员沟通

培训场地布置方法	适用人数	适合培训类型
多圆桌形排列	40~60	适合以小型组织为单位的培训

4.5.2 物资管理：考虑因素和选择方式

培训实施过程中需要用到很多低值易耗品，如果不好好管理，可能会造成培训费用被过多地用在这些低值易耗品上。所以为了更好地实施培训管理，LD 需要妥善管理培训物资。

不同的培训需要用到的物资不同，选择培训物资时需要考虑的因素和选择方式如表 4-15 所示。

表 4-15 选择培训物资时需要考虑的因素和选择方式

考虑因素	分类	选择方式
培训学员	人数较少	选择简单的培训物资
	人数较多	选择较全面的培训物资
学员层次	中高层管理者	选择直观地体现前沿思想并能充分而多元地表现主题的培训物资
	普通员工	选择传统的培训物资
培训内容	偏重理论式	一般通过讲述、演示和讨论等方式来开展培训，不需要较多培训物资
	偏重体验式	一般通过大量活动来开展培训，需要用到的培训物资可能会比较多

培训物资管理是对保证培训正常实施的可能会用到的所有物资（例如投影仪、翻页笔、桌子、椅子、教具、教材等）实施的管理。LD 进行培训物资管理时可能会用到培训物资管理表，如表 4-16 所示。

表 4-16 培训物资管理表

培训物资	物资编号	所在地点	购置时间	能否正常使用	管理人	最后一次盘点时间

LD 也可以根据需要在培训物资管理表中增加内容，例如某类培训物资从哪个时间段到哪个时间段已经被安排使用，这样 LD 能了解该培训物资在哪个时间段是可以使用的，在哪个时间段是不能使用的。

对培训物资的管理应当本着充分应用的原则，同时实现低成本地在不同培训基地间移动培训物资，例如投影仪、笔记本电脑、翻页笔、教具、教材等如果不影响培训工作的正常开展，可以共用。

当有人要借培训物资时，LD 应当做好记录，培训物资借出记录表如表 4-17 所示。

表4-17　培训物资借出记录表

借出培训物资	物资编号	借出时间	借物人	预计归还时间	LD	是否归还	备注

4.5.3　费用管理：费用组成评估方法

培训费用是培训开展的条件之一，对于一些培训费用比较有限的组织来说，培训费用的重要性可能不亚于培训讲师和培训课程。培训费用可以分成参训人员的费用、培训讲师的费用、培训硬件的费用和培训支持的费用4部分，如表4-18所示。

表4-18　培训费用组成

培训费用分类	包含内容
参训人员的费用	参训人员的薪酬福利 参训人员的交通费用、食宿费用等
培训讲师的费用	内部培训讲师的薪酬福利 外部培训讲师的课时费用 培训讲师的交通费用、食宿费用 外部培训机构的费用等
培训硬件的费用	培训场地的费用 培训设备的费用 培训过程中消耗的材料的费用等
培训支持的费用	LD的薪酬福利 其他与培训支持相关的费用等

LD应把每一次培训的4部分费用通过表格标示清楚，这样能够看出不同培训费用的消耗情况，同时可以比较每一次培训在哪一方面的费用比例增加，在哪一方面的费用比例减少，并据此分析产生差异的原因及需要采取的行动。

培训费用评估样表如表4-19所示。

表4-19　培训费用评估样表

培训费用分类	培训项目A费用/万元	培训项目A费用占比/%	培训项目B费用/万元	培训项目B费用占比/%	培训项目C费用/万元	培训项目C费用占比/%	……	年度培训费用/万元	年度培训费用占比/%
参训人员的费用									

续表

培训费用分类	培训项目A费用/万元	培训项目A费用占比/%	培训项目B费用/万元	培训项目B费用占比/%	培训项目C费用/万元	培训项目C费用占比/%	……	年度培训费用/万元	年度培训费用占比/%
培训讲师的费用									
培训硬件的费用									
培训支持的费用									
合计									

通过培训费用评估，LD 能够找出对组织产生较少价值的部分。在培训预算不增加的情况下，LD 应尽可能压缩这部分的费用，将培训费用尽可能多地分配给对组织产生较多价值的部分。一般来说，培训费用应尽可能多地向参训人员和培训讲师倾斜。

在培训费用较少的组织中，LD 如果能把培训费用和培训效益做对比，同时让相关管理者清晰地认识和感受到两者呈显著的正相关关系，组织很可能会增加培训预算。

前沿认知
培训讲师的角色定位和能力要求

在传统观念中，培训讲师代表了知识与权威。

传统培训所采用的授课形式大多局限于讲授，这使传统培训的氛围和互动性都比较差。面对成年人，培训讲师的主要任务其实不完全是传授自己的知识和经验，也不是强迫他们学习，而是为他们营造氛围、创造条件，让他们能够发现问题，从思想和动机上明确自己是为了个人的发展而学习。

培训讲师正确的角色定位和错误的角色定位的比较如表 4-20 所示。

表 4-20　培训讲师正确的角色定位和错误的角色定位的比较

类别	正确定位	错误定位
焦点	组织绩效改善	课堂热闹

续表

类别	正确定位	错误定位
主角	学员	自己
心态	引导学习	表演明星
能力	专业人士	万事通
方法	参与互动	唱独角戏
结果	帮助学员建立自信	成为被学员崇拜的偶像

培训讲师应当是激发参训人员热情的激励者、提供方法和建议的参谋者、协助解决疑难问题的教练、参训人员的伙伴、知识的传授者。培训讲师不能把培训当成走形式，认为自己只负责讲课，其他的都不需要管；认为讲一次课就够了，以后就不用讲了；或者把有用的内容都放在 PPT 中，自己只是照着读。

培训讲师需要具备 4 项基本素质、两大核心能力和四大关键能力，如图 4-6 所示。

图 4-6　培训讲师的能力要求

🔍 疑难问题
如何选择适合组织的外部培训机构

市场上可以选择的大大小小的培训机构不计其数，组织在挑选过程中很容易眼花缭乱、不知所措。对此，组织要理性选择，以免花费了时间和金钱，最后却得不到想要的结果。

组织选择外部培训机构的流程如图 4-7 所示。

图 4-7　组织选择外部培训机构的流程

组织在选择外部培训机构时，需要注意如下重点内容。

1. 明确需求

组织首先得知道自己的培训需求，才能知道自己要找什么样的外部培训机构。例如有的管理者总是说自己的员工素质能力低下，组织内部又没有能够帮助员工提升素质能力的课程，因此 LD 需要寻找外部培训机构。但是当 LD 问这位管理者他的员工究竟需要哪方面培训的时候，这位管理者却说不清楚，那么 LD 很难找到合适的外部培训机构。

2. 师资审核

有的外部培训机构虽然存在的时间较长，具备一定的品牌优势，但是这些外部培训机构中的培训讲师很多都刚毕业不久。这些培训讲师可能毕业后做过几年咨询工作，但组织实战经验很少。或者有的培训讲师只在组织里做过主管，带大团队的经验很少。

组织需要对外部培训机构的资格进行审核，同时也要对外部培训机构将要为组织提供的培训讲师的资质进行审核。组织的审核标准可参照外部培训讲师的选拔标准：外部培训讲师要具备培训项目和课程体系的开发经验、服务过大量客户的证明及良好的口碑等。

3. 确定条款

选好外部培训机构之后，组织在签合同之前要注意写清楚服务的具体内容、具体费用，明确外部培训机构应给组织带来的具体成果及评价方法。合同中更要明确组织和外部培训机构之间的权责利关系。

外部培训机构应对组织想要的结果负责，组织应当为达成的结果付费而不是为过程付费。也就是说，组织要明确在什么情况下，外部培训机构做好了工作，组织按照合同付全部款项；在什么情况下，外部培训机构没有做好工作，组织只付部分款项甚至可以不付款。

☑ 实战案例
某连锁零售上市公司采用的培训形式

某员工规模达 3 万人的连锁零售上市公司在搭建培训管理体系时，将培训形式总结如表 4-21 所示。

表 4-21　某连锁零售上市公司的培训形式

培训形式	目的	方式	适用人群
在岗培训	传承知识、技能、经验	师徒制、轮岗制、见习制、实习制	全体员工
集中培训	多种目的	应届大学生培训、储备店长培训等	全体员工

培训形式	目的	方式	适用人群
视频培训	明确销售运营标准	电视视频培训、计算机视频培训	全体员工
流媒体培训	介绍新产品、日常运营操作规范	周二、周六观看流媒体视频	全体员工
技能比赛	提升技能水平、营造氛围	总部组织、区域组织	技术岗位员工
自学	促进个人发展、传承企业文化	学习资料、E-Learning 平台	全体员工
外部培训	补充培训	引入外部培训机构、专家顾问	中高层管理者
外部考察	奖励优秀的管理者和员工	到国内或国外的标杆公司考察学习	优秀的管理者和员工

该连锁零售上市公司强调标准化和执行力，公司经营管理所需要的制度、流程、规范全部由总部统一制定。所以在该公司，培训的重要功能之一是传递信息。该公司将培训形式定位成信息传递的某种渠道或方式，让员工能够通过这些渠道或方式接收公司要传递的信息，从而改变员工的态度，增长员工的知识或提高员工的技能水平。

1. 在岗培训

在岗培训是这家公司最基本、最重要的培训形式之一，该公司认为员工 80% 的技能来自岗位实际操作过程。采取这种培训形式的主要目的是让相关知识、技能和经验得到有效地传承。具体的培训方式有师徒制、轮岗制、见习制和实习制。这种培训形式适用于全体员工。

2. 集中培训

集中培训可以用来达到多种培训目的，比如可以帮助员工提升技能水平、增长知识、改变态度，或者满足公司其他的临时性需求。一般的培训班就属于这类形式，比如应届大学生培训、储备店长培训、储备主管培训、新员工培训、老员工培训等。这种培训形式同样适用于全体员工。

3. 视频培训

这家公司有两套视频系统，既有电视视频系统，又有计算机视频系统。连锁零售行业通常每两周推出一个促销活动，遇到大的节假日有大型的促销活动。每个促销活动开始之前，公司对连锁店的陈列、装饰等，即什么样的商品应该摆放在什么位置，不同的位置应该摆什么样的装饰品，连锁店应重点销售哪一类商品等都有明确的规定。

这时候，公司就需要把这些标准化的信息快速、稳定、有效地传递给连锁店。因为该公司的连锁店有 600 多家，采取集中培训成本高昂、效率低下，并不现实，所以最有效的培训形式之一就是视频培训。因为视频培训可以随时开展，有利于快速传递标准化的信息，各连锁店在同一时间收到统一的信息后，只要照做就可以了。

4. 流媒体培训

流媒体培训是该公司特有的一种培训形式。这家公司的每家连锁店里都有一个或多个播放器，播放器所连接的系统叫流媒体系统。每家连锁店的播放器中播放的画面和声音由总部统一控制。这些播放器在营业时间播放的一般是产品广告，但在非营业时间可以用来传递标准化的信息，比如新产品介绍、日常运营操作规范。

这家公司有一个专门生产视频的部门，该部门每周固定制作两期技能培训视频节目。该公司通过这两期节目，向全体员工传播标准化的技能培训信息。视频的播放时间分别是每周二和周六连锁店正式营业之前，并且公司规定每周二和周六早晨，店长要带领全店员工一起观看流媒体视频。

5. 技能比赛

通过技能比赛，公司能够在各区域、各分公司或各连锁店创造出一种学习的氛围。对于一些对技能要求较高的岗位，员工技能水平的提升对岗位绩效水平的提升有直接的作用，例如收银岗位、面食加工岗位、面包制作岗位、蔬菜水果加工岗位。

6. 自学

该公司给每家连锁店配备了关于运营标准的培训资料，运营标准中详细规定了连锁店工作的各项流程，并为每名员工发放了所在岗位的学习卡片，学习卡片清楚地展示了岗位的职责、工作流程、工作标准以及公司文化标语等。

公司对学习氛围的营造、对员工学习的要求，以及对员工晋升发展与员工知识和能力提出的要求等，促使员工对所在岗位要求的知识和技能水平的提升具有主动性。通过公司为员工配备的各类容易获得的学习资料、E-Learning 平台，员工能够轻松实现自学。

7. 外部培训

该公司的外部培训主要是针对中高层管理者实施的补充培训，通常由外部的培训机构实施或者由引入的专家顾问开展教练式的培训。

8. 外部考察

外部考察是该公司针对优秀的管理者和员工，每年组织 4~6 次到国内或国外的标杆公司考察学习的培训形式。

第5章
培训方案设计

在明确了培训需求、制订了培训计划，具备了足够的培训资源后，在正式开展培训工作前，LD 需要制定具体的培训方案。培训目标的质量、培训方案的质量、培训方案实施的质量共同决定着培训效果的优劣。

5.1　确定培训目标

确定培训目标能够为培训方案的制定提供明确的方向。有了培训目标，LD 才能制定培训方案，才能确定培训的对象、内容、时间、讲师、形式等具体内容。有了培训目标，LD 才可能在培训之后对照目标的达成情况，对培训效果做最直接的评估。

5.1.1　常犯错误：目标不够具体

一般情况下，目标越具体，越具有可操作性，越容易实现。

然而，LD 在确定培训目标时，经常会犯各类错误。很多时候，培训不成功，往往是因为培训目标有问题。

例如某个公司的办公现场环境非常差，总经理希望通过培训来改变员工的日常行为，期望员工在接受培训后，办公现场环境能够达到 5S 管理的要求。在这种情况下，有的 LD 把培训目标设置为：让员工学会 5S 管理。

这显然不是一个有效的培训目标。为什么呢？

（1）什么叫学会 5S 管理？如何定义 5S 管理？如何界定员工学会 5S 管理的标准？

（2）用多长时间让员工学会？

（3）员工学会了就有用吗？如果员工学会了但行为不改变怎么办？

很显然，组织想要的结果是员工行为发生改变。

有的 LD 比较直接，把培训目标设置为：利用一次 2 小时的培训彻底改变员工的行为，让所有员工的办公现场环境达到 5S 管理的要求。

这样的培训目标是不现实的，组织仅可以把这个目标当作愿望来努力。行为的改变是一个长期的过程，LD 在实施培训时，应分步骤进行。

根据培训课程设置的原则，LD 可以把上例中的培训分成 3 部分，设置 3 个目标不同的培训课程。这 3 个培训课程可以在 3 个时间段分别进行，也可以在一个时间段分阶段、分层次进行。这 3 个培训课程的主题分别是：5S 管理是什么、为什么要进行 5S 管理、如何进行 5S 管理。

第 1 阶段的培训课程可以向员工介绍 5S 管理的概念和原则。培训的主要目的是向员工传授 5S 管理的知识，也就是告诉员工 5S 管理是什么。这一阶段培训的重点应该放在让员工熟练掌握 5S 的基本概念和原则上。

这次培训的目标可以设置成：培训结束后，员工能够准确地陈述什么是 5S 管理，以及 5S 管理的原则是什么。

第 2 阶段的培训课程可以向员工介绍 5S 管理对员工和组织都有哪些好处。这一阶段培训的主要目的是让员工转变态度，认可 5S 管理的理念和精神，也就是告诉员工为什么要实施 5S 管理。

这次培训的目标可以设置成：培训结束后，员工赞成 5S 管理理念并决定主动实施 5S 管理。

第 3 阶段的培训课程可以向员工介绍不同的岗位如何做好 5S 管理。这一阶段培训的主要目的是让员工知道 5S 管理的正确实施方法是什么，也就是教员工如何做好 5S 管理。

这次培训的目标可以设置成：培训结束后，员工能够改善现有的办公现场环境并使其达到 5S 管理的要求。

5.1.2　基本原则：SMART 原则

LD 在确定培训目标时，要遵循 SMART 原则，即培训目标应是具体的（Specific）、可衡量的（Measurable）、可以达到的（Attainable）、与其他目标具有一定相关性的（Relevant）、具有明确截止期限的（Time-bound）。

SMART 原则在与目标相关的方法论中经常被提及，许多人都知道 SMART 原则的含义，但在运用的时候却用不好。

例如，小明给自己确定的年度目标如下。

（1）每一天做一件实事。

（2）每个月做一件好事。

（3）每一年做一件大事。

小明确定的年度目标并不是有效的目标，因为他在确定年度目标时没有完全遵循 SMART 原则。小明的目标里有时间的概念、有数量的概念，勉强算得上符合实际的、上下达成一致的，但是小明的目标不能够被衡量。

什么叫实事？什么叫好事？什么叫大事？这些都没有明确的定义。如果没有定义，那么应该怎么衡量呢？难道要凭感觉来衡量吗？针对没有办法衡量的目标，最终我们既可以说它达成了，又可以说它没有达成。

例如，有的组织将 3 场培训的目标分别设置成如下内容。

（1）在 3 小时的培训之后，使参训人员转变工作态度。

（2）在 2 小时的培训之后，使参训人员了解生产管理知识。

（3）在 1 小时的培训之后，使参训人员掌握 A 产品的工艺。

这 3 场培训的目标分别对应着改变态度类培训、增长知识类培训和提升技能类培训。这 3 个目标同样不符合 SMART 原则，是无效的目标。它们更像是培训的目的，而非有效的目标。

（1）"使参训人员转变工作态度"，这里需要转变的工作态度具体是什么？怎样才算是转变？

（2）"使参训人员了解生产管理知识"，这里要了解什么样的生产管理知识？怎样才算是了解？

（3）"使参训人员掌握Ａ产品的工艺"，这里说的掌握具体表现为什么？怎样才算是掌握？

要想改进这些培训目标，需要将其放到具体的背景中。

假如公司做这场培训的原因是管理层发现员工之间除了沟通工作之外，在生活方面不愿意有任何交流，公司聚会时员工的实际到场率不到40%，个别员工甚至一次公司聚会都没有参加过，总是以各种理由推辞。这种现象和公司倡导的文化和理念相悖。为了改变这种情况，管理层期望增加一些旨在增强团队凝聚力和向心力的培训，期望通过培训加强员工之间的情感联系。

这时候，LD可以把培训目标设置成：培训之后，公司统一组织聚会时，员工实际到场率达到80%。以此为目标，培训结束后，LD就可以针对结果进行评估。

假如公司做这场培训的原因是增长车间主任的生产管理知识，培训的内容是生产管理的基本知识。

这时候，LD可以把培训目标设置成：培训结束后，参训人员能够画出生产管理基本理论框架的思维导图。如果觉得一个培训目标较少，LD可以设置多个培训目标。衡量这场培训的目标是否达成可以采用让参训人员画出生产管理基本理论框架的思维导图的方式。

假如公司做这场培训的原因是公司某工艺部门的一套工艺得到了改进，需要相关人员学会这套新工艺。

这时候，LD可以把培训目标设置成：培训结束后，参训人员能够独立地演示整个工艺流程。衡量这场培训的目标是否达成的方式可以是由培训讲师和LD一起逐一检核参训人员独立操作的能力。

5.1.3 通用表述：规范表述培训目标

如何准确表述培训目标？

针对不同的培训目标，培训可以分为改变态度类、增长知识类和提升技能类3类。这3类培训中用于表述培训目标的词汇是不同的，具体参考如下。

1. 改变态度类

改变态度类培训中用于表述培训目标的词汇如表5-1所示。

表5-1 改变态度类培训中用于表述培训目标的词汇

接受	联系	实现
表现	决定	赞成
增加	评价	交流

组成	影响	列出
得到	记录	选择
听取	参加	承认
陈述	回答	参与
意识到	发展	决心
完成	识别	发现
组织	写出	比较

2. 增长知识类

增长知识类培训中用于表述培训目标的词汇如表5-2所示。

表5-2　增长知识类培训中用于表述培训目标的词汇

论述	命名	区分	分类
推断出	预测	识别	组成
讨论	承认	指出	定义
选择	联系	证明	对比
计算	说明	列出	解释
论证	陈述	执行	写出
找出	支持	回忆	表明
举例	使用	重述	总结
判断	评估	解决	画出

3. 提升技能类

提升技能类培训中用于表述培训目标的词汇如表5-3所示。

表5-3　提升技能类培训中用于表述培训目标的词汇

演示	调整	列出
创造	识别	决定
建立	提供	进行

5.1.4　操作步骤：目标分解达成

培训目标不是只要明确了培训目的和组织想要达成的结果之后，直接设定出来就可以了，有时候期望和现状之间的差距太大，LD 需要对培训目标进行分解并逐级实现。

1. 分章节设置子目标

对于难以达成的培训总目标，LD 可以根据培训课程的章节将其分解为多个子目标，并通过对子目标的达成来最终实现培训总目标。

例如某公司对新员工的培训内容分成 3 部分：

第 1 部分的主要内容是公司的组织架构和主要部门设置；

第 2 部分的主要内容是公司的人力资源相关规章制度；

第 3 部分的主要内容是公司的产品知识。

这 3 部分对应的培训目标如下：

第 1 部分的培训目标可以是新员工能够描述公司的组织架构和主要部门；

第 2 部分的目标可以是新员工能够列举 5 条人力资源规章制度；

第 3 部分的目标可以是新员工能够识别公司的所有产品。

2. 验证子目标对培训总目标的支持

实现子目标对培训总目标的支持靠的不是想象，需要两者有严密的逻辑关系，经过充分的论证或具备丰富经验的专业人士的指导。

例如某公司举办某次培训的目的是让员工接受某种观念，培训总目标是员工在接受培训后，能够改变某方面的行为。LD 将培训总目标分解成 3 部分：

第 1 部分是员工能够准确叙述该观念的含义；

第 2 部分是员工能够区分该观念和其他观念；

第 3 部分是员工能够在不同的行为中识别出哪种行为对应着该理念。

这 3 个子目标都是增长知识类培训目标，而公司的培训总目标是想通过让员工接受观念而改变行为。因为这 3 个子目标并不能指向最终的培训总目标，并不能对最终的培训总目标提供支持，所以这种培训目标分解是无效的。

3. 在实践中不断调整

对培训总目标的分解有一定的预估成分，就算培训课程的设计逻辑再严密、论证再充分，在培训正式开始之前，LD 也无法保证分解后的培训目标完全适合培训。所以对培训目标的分解，LD 可以采取在实践中不断调整的策略。通过多次培训实践，LD 应不断对子目标加以完善。

5.2 制定培训方案

在确定了培训目标之后，LD 要进一步对培训内容、培训对象、培训时间、培训方法、培训场所及培训物资等进行整合。

5.2.1 内容结构：高、中、基层内容分布

根据培训目标的不同以及人才的三大测评维度，培训内容一般可以分成 3 类，即知识类培训内容、技能类培训内容和素质类培训内容。

知识类培训内容是培训内容中的第 1 层次，是最容易让员工获取的培训内容。员工看一本书或听一次课，就可能获得相应的知识。

技能类培训内容是培训内容的第 2 层次。组织在招进新员工、采用新设备、引进新技术等的时候，会要求员工具备相应的技能而不仅是知识，因为员工将知识转化为具体的操作技能需要一段时间的刻意积累和练习。

素质类培训内容是培训内容的第 3 层次，是较高层次的培训内容。素质是人发展的基础。素质高的人即使在短期内缺乏知识和技能，也会自发地为实现目标而学习和练习。素质低的人，即便组织为他提供了培训的机会，他也可能不接受培训。

对于为不同的培训主题选择哪个层次的培训内容，可视具体情况决定。一般而言，针对高层人员开展的培训，可以有较多的素质类培训内容；而针对基层人员开展的培训，可以有较多的知识类和技能类培训内容。培训内容与岗位层级之间的关系如图 5-1 所示。

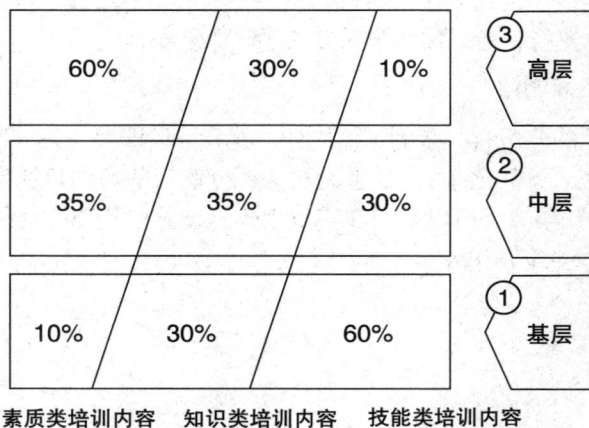

图 5-1　培训内容与岗位层级之间的关系

5.2.2 制定流程：培训方案的制定步骤

LD 确定了培训目标，选择了培训内容后，接下来需要开始制定详细的培训方案，其制定步骤如下。

1. 确定培训师资

培训师资有内部师资和外部师资之分，二者各有优缺点，LD 应根据培训内容来确定。

一般而言，对于组织专属的、涉及组织机密的、岗位技能关联性较大的培训内容，以内部师资开展为宜；对于通用的、涉及社会公共知识的、组织内部无法提供的培训内容，可以运用外部资源。

2. 确定培训范围

培训范围可以分为理论范围和实际范围。理论范围是根据需求和计划，由 LD 确定的人员范围。实际范围是 LD 向各业务部门征求意见后，根据人员的实际情况确定的人员范围。

如果不考虑实际，直接按照理论范围确定培训对象，则可能影响部门的正常工作，使培训达不到预期效果。

与理论范围相比，实际范围包含的培训对象可能更多，也可能更少。例如，LD 没有考虑到的员工，部门会建议增加；根据实际工作需要，某些员工暂时无法参加的，部门会建议分批次、分阶段进行培训。

总之，培训范围不能简单地一概而论，而是需要 LD 与相关部门充分沟通后再行确定。

3. 确定培训时间

培训时间不是 LD 拍脑袋决定的，也不是 LD 简单地根据培训内容的多少确定的。培训的时长、周期、批次、阶段等都需要根据培训的实际情况、员工的实际工作安排，由 LD 与相关部门沟通后确定。

4. 培训形式的选择

不同的培训形式有各自适合的领域及优缺点。为了提高培训质量，达到培训目的，采用的培训形式应当灵活多样，LD 既可以将各种培训形式搭配起来灵活运用，也可以开发适合组织的独特的培训形式。

5. 培训场所和物资的选择

不同的培训内容和培训形式决定了培训场所和物资的选择。如果培训以技能类培训内容为主，考虑到培训内容的具体性和操作性，最适宜的培训场所是工作现场；如果培训以素质类培训内容为主，考虑到培训的体验感，可以将培训场所设置在户外，以拓展训练的形式进行培训。

5.2.3 方案测评：3 个维度评判质量

从培训需求分析开始到制定出一套完整系统的培训方案，并不意味着培训方案制定工作大功告成，LD 还需要不断地对培训方案进行测评和调整，只有不断地改进，才能使培训方案逐渐完善。

LD 可以从以下 3 个维度对培训方案质量进行测评。

1. 培训方案本身

LD 应当分析培训方案各组成要素的分配是否合理，各组成要素之间是否能够形成匹配、呼应或互补关系；提前确认培训对象是否对培训内容感兴趣；确认培训内容是否能够满足培训对象的需要；确认培训内容中包含的信息是否容易被培训对象接收。

2. 培训对象

LD 可以充分了解培训对象对培训方案的整体意见和感受，站在培训对象的角度完善方案；也可以观察培训对象培训前后的改变是否与培训目标一致，如果不一致，找出原因，对症下药，及时调整。

3. 培训结果

LD 要分析培训方案整体的成本收益比。如果培训成本远高于培训收益，则说明培训方案有调整的空间，LD 要找出原因，设计出更优的培训方案。LD 也可以对培训方案调整之后的成本收益比变化情况做进一步分析，找出成本收益比最优的培训方案。

5.3 实施培训方案

培训实施质量对培训效果有着重要影响。如果培训实施得不够好，就算有再好的培训资源、再正确的培训目标、再完善的培训方案，参训人员的培训体验也会比较差，这最终会导致参训人员对培训的不满。

5.3.1 准备环节：通知、联络、准备资料

培训准备环节的工作通常包含如下 4 项。

1. 发布培训通知（培训前 10 天）

LD 初拟培训的时间、地点、方式、内容、名单等信息，发给相关部门负责人审

核；经沟通后，再报决策层领导审核；确认所有的信息后，拟定培训通知并发布。注意培训通知的字号、字体、格式，发送后需登记备案。

通知如果是通过内网系统、电子邮箱或公示栏发布的，LD 需要注意可能参训人员由于出差等无法访问内网系统，或不是每个参训人员都有电子邮箱，也不是每个参训人员每天都会注意看公示栏，所以通知发布后，LD 一定要打电话确认，以确保信息的有效传达。

2. 确定培训课程并联络培训讲师（培训前 7 天）

培训流程和培训时间确定无误后，LD 要确定培训课程，一般要提前一周与培训讲师联系，这样培训讲师才有充裕的时间作准备。同时，LD 要提前审核培训讲师所用的课件。当培训后需要考试时，LD 要提前告知培训讲师，与其提前沟通好考试内容和时间等安排。

3. 准备培训资料（培训前 2 天）

在物资准备方面，最快捷、有效又不容易出现错误或遗漏的方法是先召开小组会议，列出本次培训需要的全部工具、道具、模型、设备等的物资清单，然后对已经准备好的物资在清单上画"√"。

注意：培训用的话筒、音响、计算机、投影仪等设备，需要多准备一套用于应急。

若要准备相关数据报表或文件，LD 需提前向财务部门征询。拿到数据之后，LD 要做适当的筛选、整理和加工，让数据清晰易懂。试卷、需要人手一份的培训教材、培训评估问卷等，应提前打印。这里要注意：对于需要分发的培训资料，为避免出现异常状况，可以适当多打印几份。

培训过程中用到的 PPT 文件、视频资料、音频资料等相关电子版资料，需在培训前 1 天复制到培训用的计算机上，并逐项测试，保证其正常可用。同时，准备一个 U 盘，将所有电子版资料复制备用。这里要注意：若无特殊情况，在培训开始之前，调试好的设备不要做与培训无关的他用。

4. 准备培训须知

培训须知是对本次培训的目的、意义、安排、希望达成的目标、注意事项等不一定会完全体现在培训通知上的重要信息进行详细说明的材料。一般参训人员到齐后，培训开始之前，LD 首先要宣读培训须知。如果时间紧张，培训须知也可以随培训通知提前发给参训人员；或在参训人员陆续到场，培训开始之前，将培训须知投放在所有人都看得到的大屏幕上。

5.3.2 实施环节：签到、纪律、沟通、服务

培训实施环节的工作包含如下 4 项。

1. 签到及资料发放

LD 需要提前 1 小时到达培训场地，在固定地点设置培训签到处（一般为培训场地入口处），并设置明显的标识。如果有培训期间要用到的教材、数据资料等，LD应提前发给参训人员，方便其预习。

2. 维持培训纪律

在培训开始时，LD 首先要宣读培训须知，并声明培训过程中的纪律。LD 在培训实施过程中应关注全场，时刻检查参训人员的纪律遵守情况，如出现严重违反培训纪律的行为，可以先行记录，之后按照相关规定处理。

3. 与培训讲师持续沟通

如果培训期间有多位培训讲师，LD 要规划好每一位培训讲师的讲课时间，及时与后续培训讲师联系，让其有足够的时间前往培训场地等候。

同时，LD 要控制培训讲师的授课时间，在预定的结束时间前 15 分钟、5 分钟分别提醒培训讲师一次。若无特殊情况，超过预定时间 15 分钟后，LD 须礼貌打断当前培训讲师的授课，以免下一位培训讲师等待过长时间。

4. 培训服务工作

LD 在培训过程中要照顾全场，主要包括对培训讲师的服务（倒茶水、递教具）、对学员的服务以及摄影、录像等相关服务。若需就餐，LD 要提前与培训场地餐厅或者外部送餐单位沟通，让备餐部门有充分的时间作准备。

5.3.3　结束之后：整理、总结、归档

培训结束之后的工作包含如下 4 项。

1. 整理培训试卷

LD 应协助培训讲师认真批阅培训试卷，将成绩汇总后发相关部门负责人审阅，并存入参训人员的个人档案；组织有人力资源管理系统的，LD 要将成绩录入系统备案。对于考试成绩不合格者，LD 应组织相关人员进行补考，或以其培训不合格记录，监督其参加下一次培训。

2. 整理培训评估问卷或作业

对于培训评估问卷的整理，LD 一定要注意细节，仔细检查每一份问卷，及时剔除无效问卷，确保数据可靠。LD 将调查结果汇总完毕后，形成最终数据和结论，上报相关领导，并将汇总的培训评估问卷存入本次培训档案。

有的培训讲师基于培训课程的需要，会给参训人员布置作业，LD 要及时收集并整理参训人员上交的作业。若有未按时上交的，LD 要与相关参训人员确认未上交原因，并催促其及时上交。若其仍不上交，LD 可在培训总结报告中注明，或报告相关领导，并按培训须知中的规定处理。

3. 撰写培训总结报告

培训总结报告包括两方面的内容：一方面是参训人员关于本次培训的总结报告，LD 收集后应将其存入参训人员的培训档案；另一方面是培训部门对于本次培训的总结报告，包括培训档案、培训成绩、评估问卷等与本次培训有关的资料。

4. 整理培训档案

培训档案是重要的人事档案，由人力资源部分类统一存放。完整的培训档案包括但不限于培训签到表、培训反馈表、培训试卷、培训档案卡、培训心得、培训座谈记录表、行动改进计划表、培训评估问卷、培训跟踪与辅导表、培训总结报告等。

其中，培训档案卡应按部门分类存放，培训签到表、培训反馈表、培训试卷、培训心得、培训座谈记录表、行动改进计划表、培训评估问卷、培训跟踪与辅导表、培训总结报告等按培训的类别和时间的先后顺序归档。

🔍 疑难问题
外派员工培训管理流程

公司外派员工参加培训，首先由员工本人填写外出培训申请表，如表 5-4 所示。

表 5-4 外出培训申请表

申请人		所在公司	
所在部门		所在岗位	
培训内容		申请事由	
培训机构		培训时间	
培训地点		培训费用	
直属领导意见		部门负责人意见	
人力资源部意见		总经理意见	
申请日期			

外出培训申请表由相关的审批人全部审批通过后，在人力资源部备案。设置了相应审批权限的公司，应参考本公司的审批权限设置审批流程。审批通过后，员工方可外出参加培训。

根据公司的规定，当每人次的培训费用超过一定金额时，参训人员需要和公司签署服务协议，未满服务期离职的，须按照协议处理。

外出培训结束后，一般在回到公司后一周内，参训人员要填写外出培训记录表，如表 5-5 所示。

表5-5 外出培训记录表

参训人员		所在公司	
所在部门		所在岗位	
培训课程		培训机构	
培训时间		培训地点	
培训内容：			
培训资料：			
培训收获及感想：			
直属领导审阅		部门负责人审阅	
人力资源部审阅		总经理审阅	
填表日期			

　　外出培训记录表同样应交由人力资源部作为参训人员的资料保存。在提交外出培训记录表的同时，参训人员要在一周内把培训相关的纸质或电子版资料交到人力资源部存档。一般在回到公司后两周内，参训人员要把培训内容与公司相关人员分享。

　　公司承担培训费用的，参训人员在培训结束之后如果有结业证、资格证或者其他证明材料，可以与参训人员友好协商，在合法合规的前提下，将原件交人力资源部存档。人力资源部可以在参训人员服务协议期满后，将相关证明材料原件交还。

第6章
导师制设计

　　导师制也叫师徒制，是组织进行人才培养，尤其是接班人培养的重要方式。

　　实际上，组织不可能做到对岗位要求的所有知识和技能都通过集中培训来传授。员工对岗位要求的知识和技能的获取，绝大部分发生在日常工作中，集中培训的作用大多是查漏补缺。员工对知识和技能转化与内化的全过程，则几乎完全发生在日常工作中。要保证员工在岗位上持续提升知识和技能水平，组织需要建立导师制。

6.1 导师制的实施

当员工在日常工作中遇到困难时，能够最高效、最有针对性地对员工形成指导、帮助员工解决问题的人，不是人力资源部的 LD，也不是员工所在部门的管理者，而是能直接辅导员工的导师。导师制上到最高层管理者，下到基层新员工，对组织内的任何层级、任何岗位都适用。

6.1.1 实施原理：提高融入效率

企业领导咨询服务公司海德思哲（Heidrick & Struggles）的主席格里·罗奇（Gerry Roche）说："新媒体的发展，让人与人的关系虚拟化，如果在现实世界中能有一位比你位阶更高的导师亲自指导，你一定比别人更具职场竞争力。有句话说得好，'获得一件东西最快的方法是帮别人得到它，学会一项本领最快的方法是教会别人'。没错，一段良善的师徒关系对你们彼此都有益。"

中国传统组织中，有很多关于导师制的成功应用案例。在这类组织中，导师制通常被叫作师徒制。有的组织甚至营造出"一日为师，终身为父"的氛围，徒弟和师傅之间的关系可以亲如父子。师傅不仅关心徒弟的工作，而且还在思想上、生活上帮助徒弟；徒弟对师傅不仅有学到技能的感激，而且还在观念上、行为上尊敬师傅。

然而随着经济的飞速发展，组织的发展异常迅猛，组织的形式也变得多样。渐渐地，师徒制这种优秀的管理制度在许多组织中不复存在，甚至有人认为在组织中推行师徒制是一种管理上的倒退。

实际上，师徒制从来不是对新型的组织管理模式或培训管理模式的否定，而是一种非常高效的人才培养手段。在国外许多管理模式非常成熟的大型组织中，师徒制（导师制）不仅存在，而且是提升员工能力最主要的方式，受到各级管理者的高度重视。

在职业成长和技能水平提升方面，如果有好前辈能给后辈一些建议，这对后辈来说是巨大的帮助。与其让员工摸着石头过河与统一组织培训或促使员工自学，组织不如花点心思，为员工找个好的引路人，带员工过河。

导师能以旁观者的角度看待徒弟的工作或事业，帮助徒弟看到全局。导师可以与徒弟谈论务虚的话题，也可以与徒弟谈论务实的、具体的解决方案。

导师能让徒弟在忙碌中也始终认清工作的目的和方向，会提醒徒弟可能遇到的陷阱。这样的提醒也许无法完全避免员工走弯路，但会让员工更快地从错误中吸取教训，从而更有效地总结出一套适合自己的方法。

导师制能让新员工更快、更好地融入组织，能让老员工的技能水平得到稳步提升，能让技能水平较低的员工跟上团队发展的步伐，能促进组织人才梯队建设中的人才培养，能增强导师的荣誉感、成就感、责任感，能锻炼导师的综合素质及领导能力，能增强团队的凝聚力和团队意识，能增强员工的稳定性和满足感。

作为一种培养人才的有效手段，导师制可以被运用在各种规模、各种形式的组织中。

6.1.2　实施流程：推动人才成长

导师制具体应如何实施呢？

导师制的通用实施流程可以分成 5 步，如图 6-1 所示。

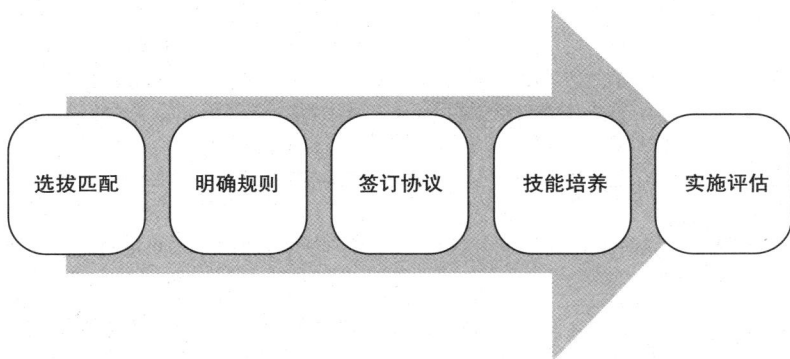

图 6-1　导师制的通用实施流程

1. 选拔匹配

组织要为员工选拔和匹配导师。选拔某些员工成为导师是组织对他们的认可，对他们而言，成为导师是一种荣誉。导师不一定是徒弟的直属上级，有时根据需要，甚至导师与徒弟不需要在同一个部门。

2. 明确规则

组织要明确导师制中导师对徒弟的具体培养规则，这主要表现在组织对导师制的实施流程和实施制度的具体规定，以及对流程和制度的传播、宣导和落实工作上。

3. 签订协议

为保证导师制的推行与落实，组织可以要求导师和徒弟间签订一份纸质培养协议。一方面，旨在通过正式文件明确双方的权责关系；另一方面，形成纸质承诺有助于提高导师对这项工作的重视程度。

4. 技能培养

技能培养可以分为两个方面：一方面是组织对导师培养徒弟的技能的培养，发起人是人力资源部的工作人员，被培养的对象是导师；另一方面是导师对徒弟技能的培养，发起人是导师，被培养的对象是徒弟。

5. 实施评估

组织要站在人才培养与发展管理的角度，通过预先设立的对导师制运行的评估机制实施检查和评估工作，保障导师制的有效运行。

6.1.3 权责划分：保障有效运行

要保障导师制有效运行，组织需要明确导师和徒弟的权责，导师与徒弟的权责划分如表 6-1 所示。

表 6-1　导师与徒弟的权责划分

主体	权	责
导师	放弃权：对于不履行徒弟职责、屡教不改或者资质较差的徒弟，导师可以选择放弃培养 建议权：根据徒弟的表现和潜质，导师可以就其绩效考核或岗位调整方面给予人力资源部建议 评价权：导师有权对徒弟做出评价	热心向徒弟传授理论知识和实际操作技能 在为人处事方面为徒弟起到榜样模范作用 从思想、工作、生活上关心和爱护徒弟 帮助徒弟认同组织文化和学习各类规章制度 帮助徒弟达到岗位要求的知识技能水平 定期向公司 LD 反馈徒弟的学习情况 协助徒弟规划内部的职业生涯发展通道 对徒弟的学习与发展情况做出考核和评价
徒弟	举报权：徒弟有权举报导师的违规行为或故意刁难行为 更换权：对于不履行导师职责的导师，徒弟有权提出更换请求 建议权：为了更好地学习，徒弟有权对学习内容提出建议	遵守组织的各项规章制度 按照工作流程和规范操作 做好本职工作，认真学习 服从导师合理的工作安排 配合导师完成学习计划 规划并实施个人职业计划

为保证导师制顺利运行，导师需要注意如下事项。

（1）导师不仅要教徒弟技能，还要关心徒弟的生活；不仅要关注徒弟的工作结果，还要关注徒弟完成工作的过程。

（2）实施导师制的时候，导师不能因为教徒弟影响自身的正常工作。因此，一位导师不应带数量过多的徒弟。一般情况下，导师在同一时间带徒弟的数量不超过 3 人。导师最好采取一对一辅导的形式。

（3）导师在教徒弟的时候，应首先了解徒弟的基本情况，包括徒弟的知识、能力、经验、特长和个人发展意向等，采取查漏补缺的方式，有针对性地教徒弟。导师应形成教学计划，最好详细制定每周的教学目标和教学内容等。

（4）导师与徒弟之间的充分沟通是导师制顺利运行的关键，只有勤沟通，导师才能深入了解徒弟的思想情况和学习进展。勤沟通有助于营造良好的氛围，有助于导师及时帮助徒弟解决问题，让徒弟更快成长。

6.2　导师制的保障

很多组织意识到了导师制的重要性并予以运行，然而在实际运行过程中，组织会发现情况并不理想，有时出现导师不愿意教徒弟的问题，有时出现徒弟不愿意学的问题。要保障导师制的有效运行，组织需要建立导师制的保障机制，运用好承诺一致性原理，做好对导师的评估。

6.2.1　保障机制：导师制三角形

要想有效运行导师制，需要导师和徒弟共同努力。导师和徒弟具体需要在 4 个方面做出努力，如图 6-2 所示。

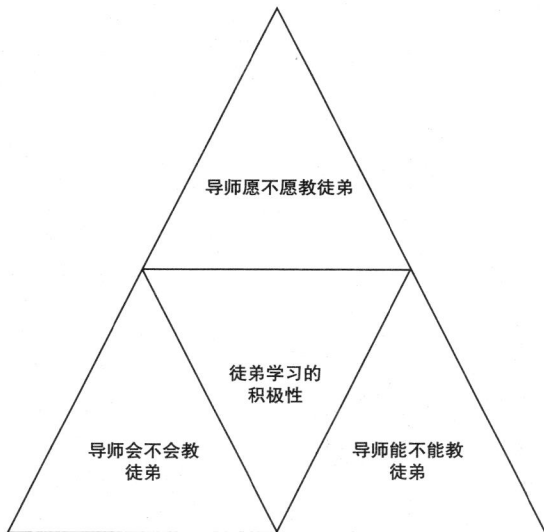

图 6-2　导师制的保障机制

1. 徒弟学习的积极性

组织实施导师制的核心目的是促进徒弟成长，如果徒弟不愿意学习成长，导师制将无法运行。要保证徒弟具备学习的积极性，组织可以为徒弟设计完善的职业发展通道和岗位技能评定标准，明确随着个人能力的成长，徒弟能获得哪些好处。

2. 导师愿不愿教徒弟

出于某些原因，有的导师不愿意教徒弟。针对这种情况，组织可以让导师和徒弟之间签订帮带协议，设立对导师的奖励机制，同时加大人力资源部监督检查的力度。

3. 导师会不会教徒弟

有的导师个人能力很强，但实际教徒弟时却像茶壶里煮饺子——倒不出来。针对这种情况，组织可以对导师实施培训，通过培训让导师学会提炼知识和经验的方法，使其能够将知识和经验传授给徒弟。组织也可以量化导师应教给徒弟的具体知识和技能类别，量化培训教材和操作标准，让导师教徒弟的过程变得简单易行。

4. 导师能不能教徒弟

有的导师想教徒弟，但导师本身工作较忙，或导师的直属上级不允许导师教徒弟。针对这种情况，组织可以通过完善导师制的相关制度要求，从制度层面保障导师制的落实。另外，组织也可以通过岗位设计，让徒弟成为导师的"B角"（继任者）。

6.2.2　心理效应：承诺一致性原理

要促进导师持续关心和帮助徒弟，同时让徒弟具备学习的积极性，除了制度上的规定和奖罚上的约束，组织还可以运用承诺一致性原理。

所谓承诺一致性原理，就是人们在做出承诺后，会不自觉地倾向于实现这个承诺。这个承诺对自己的影响越大，人们实现它的动力也越大。

心理学家曾在纽约的沙滩上进行过一项实验。一名实验人员扮演成游客，放下随身听去上厕所；另一名实验人员扮演小偷把随身听偷走，并且在过程中故意让一名受试者看到，心理学家观察受试者会不会出面阻止"小偷"。结果这项实验进行了 20 次，只有 4 名受试者出面阻止了"小偷"。

后来，心理学家改变了实验方法，让"游客"在上厕所之前，先请求旁边的受试者帮他看好自己的物品。在得到受试者肯定的答复后，他再假装去上厕所。这项实验也进行了 20 次，有 19 名受试者出面阻止了"小偷"。

承诺一致性原理在导师制的运行过程中能起到非常重要的作用。大部分组织在实施导师制时，靠的只是组织关于导师制的规章制度或者人力资源部的监督，没有让导师和徒弟为此做出任何承诺，实际上导师和徒弟才是导师制运行过程中的主体。

没有承诺，就不能运用承诺一致性原理。这也是很多组织的导师制运行失败的原因之一。要运用承诺一致性原理，组织在推行导师制时，可以参考图 6-3 所示的 3 类操作。

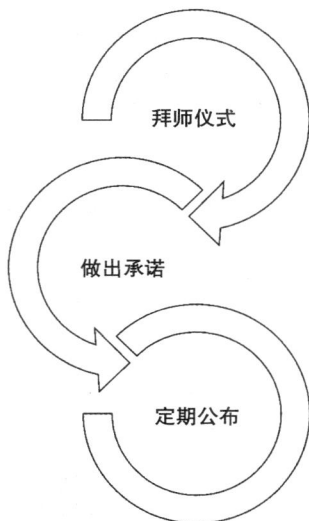

图 6-3 组织推行导师制的 3 类操作

1. 拜师仪式

导师和徒弟正式建立师徒关系时，要在部门内举办比较隆重的拜师仪式。在拜师仪式上，导师要做出对徒弟传授技能的承诺，徒弟也要做出认真学习的承诺。仪式越隆重，让人越难忘，效果越好。

2. 做出承诺

有的组织不习惯举办拜师仪式，则可以让导师和徒弟通过签订帮带协议的方式做出承诺。签订帮带协议时，LD 要在场，除了明确导师和徒弟间的权责关系，还要让双方做出口头承诺。

3. 定期公布

在每周或每月的会议上，组织可以公布新的导师和徒弟关系的缔结情况，让新缔结关系的导师和徒弟分别上台发言，做出各自的承诺。另外，已经缔结关系的导师和徒弟也要上台发言，汇报当前的培养或学习情况。

根据承诺一致性原理，组织可以采取适合自身的方法来保证导师制的运行。

6.2.3　3 个层面：导师制的评估

运用导师制进行人才培养是一个长期的过程，不像帮别人看一会儿东西那样很快就能完成。所以，即使导师和徒弟作出了承诺，组织也不能把导师制的运行想得顺理成章，觉得一定能够顺利达成目标。

要落实导师制，还需要 LD 有勤勉的态度。LD 首先要克服懒惰心态，做好检查评估工作。LD 发现导师制存在问题时，要注意 3 个层面，如图 6-4 所示。

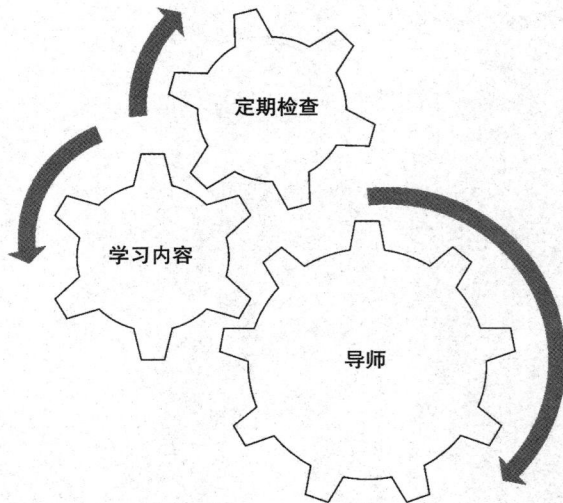

图 6-4　LD 发现导师制存在问题时要注意的 3 个层面

LD 对导师制的评估可以从以下 3 个层面进行。

1. 导师

教给别人知识和学习知识分别都属于一种技能，但不是每个人都具备教学或学习的技能。导师并非天生就会教徒弟，徒弟也并非天生就知道当别人教自己时，应该如何学习。LD 要评估人力资源部门有没有教过导师应该怎么教徒弟，以及有没有明确告知徒弟，导师教学时他应该怎么做。

2. 学习内容

不是每个导师都知道应该教徒弟什么，即使是对自己长期从事的岗位，如果没有采取正确的方法刻意总结思考，也很难清晰地知道教学内容有哪些。LD 要评估是否规定导师应该教徒弟哪些具体内容，应当按照哪些标准教，徒弟学到什么程度才算学会，以及导师教徒弟的进度是否明确。

3. 定期检查

人们趋向于做别人要检查的，而不是别人要求的。如果 LD 完全不检查，导师和徒弟很可能会失去维持师弟关系的动力。LD 要评估自己是否在导师制的运行过程中实施过检查，是否在师徒关系结束后做过评估，是否对比较优秀的导师进行过奖励，是否对不那么优秀的导师采取过一定的措施。

有效运行导师制并不是一味对导师和徒弟提出要求，LD 要做好各项保障和检查工作。LD 从这 3 个层面对导师制实施评估后，往往能发现导师制无法有效运行的真实原因，并有针对性地实施改进。

6.3　导师的选拔与培养

在导师制中，导师的作用非常关键。要保障导师制顺利运行，需要做好导师的选拔与培养工作。除导师外，内训师也关系着员工能力的成长，所以组织应同时做好内训师的获取和开发。

6.3.1　选拔标准：选拔导师的原则

有人认为，为了防止导师有"教会徒弟饿死师傅"的想法，导师不应是徒弟的直属上级；有人认为，部门内部存在一定的竞争关系，所以导师的人选不能是徒弟的部门同事；还有人认为，导师的作用并不完全是培养徒弟的工作技能，还包括通用能力和精神层面的培养，所以导师可以是组织的高层管理者。

这些观点在具体组织、具体条件和具体环境中都是成立的，但并不具备通用性，不能作为选拔导师的原则。很多组织的规模、文化和性质决定了导师只能从本部门找，而且很可能只能是徒弟的直属上级。

如果硬要找其他部门的人担任导师，多半也只能解决徒弟在思维或通用能力上的问题，并不能解决徒弟在日常工作中遇到的具体问题，而且徒弟很难在第一时间得到解决眼前问题的方案，这样导师制往往起不了作用。

所以，选拔导师的原则应是选择能够最快速、最有效、最方便地教给徒弟技能或能够为徒弟提供问题解决方案的人；同时，要注意最小化负面影响。

在有条件的组织中，导师和徒弟之间最好是一对一的关系。如果徒弟人数较多的话，一位导师同一时间带徒弟的数量一般不超过3人。

导师最好是在职业轨迹上领先徒弟3~10年的前辈。这样一方面可以保证导师提供给徒弟的建议具有足够的前瞻性，让徒弟提前做好准备，或导师的理念不至于过分超前而脱离实际；另一方面，导师和徒弟之间的年龄差距不会过大，沟通障碍较少。

选拔导师的通用原则一般包括如下内容。

（1）具有强烈的责任心和事业心。
（2）工作表现良好，绩效水平高。
（3）具有一定的培训与组织能力。
（4）对组织忠诚，具有执行能力。
（5）掌握本部门的专业知识和技能。
（6）熟练掌握本部门的工作流程。
（7）具有丰富的工作管理经验。

6.3.2 教导原则：教导徒弟的原则

导师在教导徒弟时，应遵循五大原则，如图 6-5 所示。

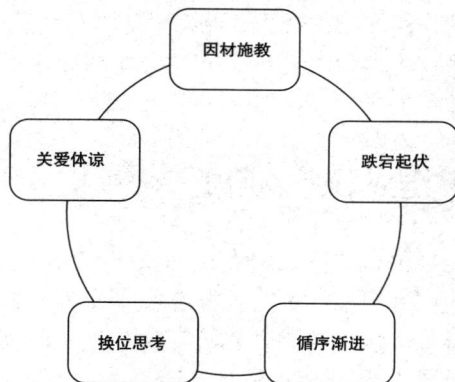

图 6-5 导师教导徒弟的五大原则

1. 因材施教

每个人都有自己的特点，有的人特别聪明，但不愿意学习；有的人比较笨，但心态很好；有的人基础很好；有的人基础很差。针对不同的徒弟，导师应当采用不同的教导方法，不能一概而论，不能对所有的人都采用同一套教导方法。

2. 跌宕起伏

白开水索然无味，不好喝，但喜欢吃甜的人在水中加入一些糖，也许就更愿意喝白开水。导师教导徒弟也是如此。导师在教授徒弟技能时，不能毫无情感、平铺直叙地讲述，最好设计出跌宕起伏的故事。

3. 循序渐进

一口吃不成胖子，教导徒弟也是如此。有的导师有一身本领，也愿意教，但徒弟的接受能力有限，不可能在短时间内全部学会。因此，导师应当把技能分阶段、分批次、有计划地传授给徒弟，让徒弟循序渐进地学习成长。

4. 换位思考

很多导师容易站在自己的角度给徒弟传授技能，这样不利于徒弟成长。导师在岗位上的经验比徒弟多，对岗位的认知水平通常比徒弟高，在传授徒弟技能时要学会换位思考，站在徒弟的立场上设计技能传授内容和进度。

5. 关爱体谅

动之以情时更容易晓之以理，导师对徒弟要多关爱和体谅。导师和徒弟之间的关系虽然是教导与被教导的关系，但彼此之间存在一定的情感。导师对徒弟报以温情，徒弟可能更愿意接受导师的教导。

6.3.3 技能培养：导师可以这样教

很多导师不知如何向徒弟传授技能，为此，组织要把对导师培养徒弟的技能的培养纳入组织的年度培训计划，定期向导师提供技能传授方面的培训。

导师教徒弟的通用流程可以分成 6 步，如图 6-6 所示。

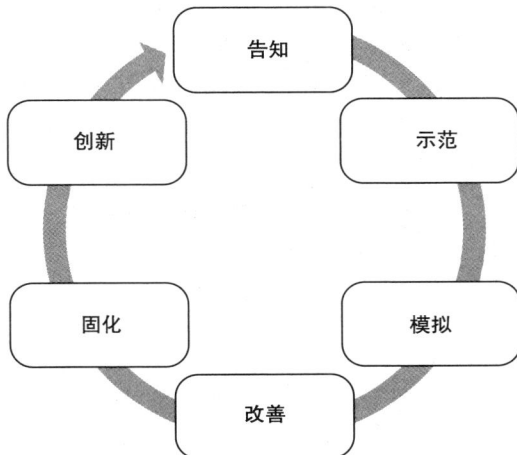

图 6-6　导师教徒弟的通用流程

（1）告知：导师把待传授的技能变成可操作的流程和步骤介绍给徒弟听。

（2）示范：导师把待传授的技能演示给徒弟看。

（3）模拟：导师让徒弟自行模拟操作。

（4）改善：导师指出徒弟在操作中的问题，帮助徒弟改进。

（5）固化：导师督促徒弟不断练习和操作，帮助徒弟形成习惯。

（6）创新：导师鼓励徒弟创新或改进，帮助徒弟实现超越。

组织内部任何级别的导师在传授徒弟技能时，都可以参照这一通用流程。

☑ 实战案例

某上市公司师徒协议

某上市公司实行师徒帮带机制，对新入职的员工和主要岗位接班人都安排了师傅帮带，以不断提升新员工和接班人的能力。为了确保师徒帮带机制有效运行，在师徒关系确立之后，该上市公司要求师傅和徒弟签订《师徒协议》，明确师徒帮带过程中的权责关系。

该上市公司《师徒协议》的内容如下。

师傅：　　　　　身份证号：

徒弟：　　　　　身份证号：

经双方协商，自_____年_____月_____日至_____年_____月_____

_____日，双方确定为师徒帮带关系。为提高徒弟的专业理论知识和技能水平，双方签订《师徒协议》，并共同遵守。

一、师傅职责

1. 承担对徒弟的全面培养工作，制订有针对性的培训计划、目标和学习书单，监督检查徒弟对培训计划的执行情况。

2. 耐心、细致地指导徒弟工作和学习，及时帮助徒弟解决工作中遇到的问题，真正把技艺本领和自身所长传授给徒弟。

3. 在传授技艺的同时，要把优良作风、安全生产知识及各项规章制度知识等传授给徒弟，培养徒弟认真负责、爱岗敬业、开拓创新、遵纪守法的工作作风和刻苦钻研、迎难而上的学习态度。

4. 定期检查徒弟的工作、学习情况，做好对徒弟的考核评价工作。严格遵守相关规定，履行相关职责，按要求完成培训任务，实现培训目标。

5. 及时总结徒弟的进步和不足，每月向部门负责人及人力资源部提交一份反映徒弟各方面表现的工作小结，协议期满后提交一份帮带总结报告。

二、徒弟职责

1. 按照师傅制定的培训目标努力学习，有计划、有步骤、有措施地圆满完成培训计划。

2. 尊敬师傅、虚心请教，服从指导，勤问、勤记、勤练。在学习技艺的同时，要学习师傅的优良作风，学习安全生产知识，学习各项规章制度知识。每月向部门负责人及人力资源部提交一份工作小结。协议期满，提交一份内容详细的总结报告。

3. 严格遵守相关规定，履行相关职责，按要求完成学习任务，实现学习目标。

三、考核办法

帮带期满，由相关领导及业务人员检核，检核结果分为优秀、合格、不合格3类。徒弟检核不合格，师傅不享受帮带费，徒弟将由师傅继续培养或公司指派其他师傅培养，直至检核合格为止。继续培养期间，原师傅不享受帮带费。新师傅帮带成功，新师傅享受帮带费。徒弟帮带情况将记入师傅个人档案。

四、有关要求

1. 帮带费为500元/月。

2. 协议期内，如师傅或徒弟一方工作变动，导致不能继续履行协议的，协议即刻终止。

3. 根据工作需要和个人申请，可变更师徒人选，变更后应重新签订或变更协议。

4. 本协议一式三份，师傅、员工与人力资源部各持一份。

师傅签字：　　　　　　徒弟签字：

日期：　　　　　　　　日期：

公证人：

第7章
培训评估与效果转化

如果不实施培训评估和跟踪，就很难实现培训的改进和效果的转化。适当的培训评估和跟踪方法能够帮助 LD 及时了解培训管理体系中存在的问题。在培训的评估环节，LD 要针对培训评估的不同时机和层面，采取不同的培训评估方法。在培训效果的转化方面，LD 要注意培训效果转化管理和培训后续追踪的方法。

7.1 培训评估的时机

什么是培训评估？

培训评估指的是运用科学的方法、理论和程序确定培训的意义或价值的过程，它是培训管理体系非常重要的组成部分。培训评估的操作方式是通过对培训目标和现状的差距进行分析，评估预定的目标是否实现，从而有效地促使被评估者不断朝着预定的目标努力。

培训评估是讲究时机的，很多 LD 一说起培训评估，想到的就是培训结束后进行评估。但其实培训评估不仅发生在培训结束后，在培训开始前、培训过程中同样可以进行评估。

7.1.1 目标期望：培训开始前的评估

为什么在培训开始前也需要做评估？

因为要"防患于未然"，也因为"防火胜过救火"。如果培训开始之前不做评估，等到培训结束后，LD 往往会发现很多原本可能在培训前避免的错误没法挽回，甚至可能造成组织花费大量的人力、物力、时间做的培训达不到预期的效果。所以培训开始前的评估往往比培训结束后的评估更加重要。

培训开始前的评估主要包括如下内容。

1. 目标与期望的评估

LD 对目标与期望的评估包括但不限于：培训目标是否明确，培训目标是否有效，培训目标是否现实，参训人员期望从培训中获得什么，他们的期望是否现实，他们为什么会有这方面的期望，应如何对待参训人员这方面的期望，培训内容和培训目标之间的匹配度。

2. 增长知识类培训开始前的评估

在增长知识类培训开始之前，LD 要评估想通过培训让参训人员知道什么；参训人员必须知道的是什么；为了让参训人员更好地知道这些内容，培训方案是否有调整的空间。

例如有的公司为员工培训产品知识，培训时间是 1 小时，培训内容是培训讲师把公司的 50 多种产品全部介绍一遍。这时候 LD 应当考虑，即便培训过程中参训人员听得很认真，也很难在 1 小时内记住 50 多种产品的特性。

要避免出现这种情况，LD可以通过让培训讲师增加预习、复习、练习等环节，或采取分阶段培训的方式，提升培训效果。

3. 提升技能类培训开始前的评估

在提升技能类培训开始前，LD要评估培训是为了使参训人员掌握哪些技能，是否让参训人员了解相关技能，有没有对参训人员提出要求。

例如某家电梯维修公司给电梯维修人员做了一场培训，原本的预期是让电梯维修人员在培训后掌握一种新型电梯维修技能，结果因为公司临时有很多事项要传达，培训内容设置得较多。

培训讲师先讲了一些执行力层面的内容，又讲了一些公司制度层面的内容，最后才讲技能内容。这种培训内容设置就可能让参训人员以为这次培训的主要目的是让他们提升执行力和学习公司制度，而不会重视对最后的技能内容的学习。

要避免出现这种情况，LD可以提前评估培训内容，或者在培训开始前与培训过程中，强调这次培训的主题及对参训人员的要求。

4. 改变态度类培训开始前的评估

在改变态度类培训开始前，LD要评估培训是为了让参训人员哪方面的态度发生改变，之后通过什么方式来衡量和判断参训人员在态度上的改变，有哪些因素影响着参训人员的态度，比如环境、制度、流程等。

例如某位经理总是抱怨自己部门员工的执行力太弱，他交代下去的工作总是完成得不理想，他期望人力资源部能够对员工进行培训，增强员工的执行力。LD了解具体情况后，发现问题其实不是出在员工身上，而是出在这位经理身上，是这位经理不具备基本的管理能力。

要改善这种情况，LD其实不应该对员工实施增强执行力的培训，而应该对这位经理实施增强管理能力的培训。

5. 硬件资源和软件资源的评估

LD要评估与实施培训相关的硬件资源和软件资源等是否到位，是否存在培训的硬件资源和软件资源无法支撑培训正常实施的可能性，是否需要提前做好备选方案，培训费是否有减少的可能性，培训费用和培训效果之间是否存在较强的关联性。

7.1.2 过程保障：培训过程中的评估

培训过程中的评估是对培训过程的管控，LD对培训过程进行管控同样是为了达到培训的预期效果。培训过程中的评估可以包括如下内容。

1. 硬件资源和软件资源

LD对与实施培训相关的硬件资源和软件资源的评估要贯穿培训全过程。

2. 参训人员的满意度

很多 LD 对参训人员满意度的关注只停留在培训结束之后的问卷调查层面。可有时候，参训人员出于一些原因，可能会偏向于给培训讲师打高分，这就造成了培训结束后的问卷调查结果不完全准确。

有的组织的内部培训讲师是高层管理者，参训人员明明觉得培训内容中有很多不适用的部分，但到了填写调查问卷的环节，大多数人仍表示对培训感到满意，而且不愿给出任何意见。如此，如果 LD 只是坐在办公室里看收集到的调查问卷，会以为培训效果很好，而实际不然。

为了深入了解参训人员的满意度，LD 应当在培训的过程中深度参与，观察培训学员的表现、表情、参与程度等，并在培训过程中及时和参训人员进行交流，通过对话了解他们内心真实的感受，从而判断他们是否真的满意。

3. 培训讲师的满意度

在培训过程中，LD 对培训讲师满意度的关注与对参训人员满意度的关注遵循同样的道理。有的组织会给培训讲师发放培训组织方面的满意度调查问卷，但培训讲师有时候出于一些考虑，即便有不满意之处也不愿在调查问卷中表现出来；有的组织甚至会忽略培训讲师满意度评估这一环节。

为了有效了解培训讲师对培训组织方面的满意度，在培训过程中，LD 要及时和培训讲师沟通，了解他们的需求、意见或建议，以便及时做出调整。

4. 培训方案的执行

LD 要在培训过程中随时关注和评估培训课程实际运行情况是否与计划相匹配，课程的进展是否完全与计划一致，培训的内容是否与预期一样生动，培训的表现形式是否符合预期，等等。

例如有的培训讲师是文案派，在课程设计方面非常在行，从文案的角度看，他的课程内容精彩绝伦，应当能够达到预期的效果，可是由于他实际讲起课来可能缺乏自信、没有气场、逻辑不清、解析不深，造成实际的培训效果较差。LD 如果不深入参与培训，是很难通过问卷调查发现这种情况的。

7.1.3 柯氏评估：培训结束后的评估

培训结束后，LD 可以运用柯氏四级培训评估模型开展评估。

柯氏四级培训评估模型是由国际著名学者威斯康星大学教授唐纳德·L. 柯克帕特里克（Donald L. Kirkpatrick）于 1959 年提出的，这是目前世界上应用最广泛的培训评估工具之一。

柯氏四级培训评估模型按照培训目的和类型的不同，将培训结束后的评估分为 4 个层面，分别是反应层、学习层、行为层和结果层。柯氏四级培训评估模型中的 4 个层面在培训管理中分别具备不同的定位和用途，如图 7-1 所示。

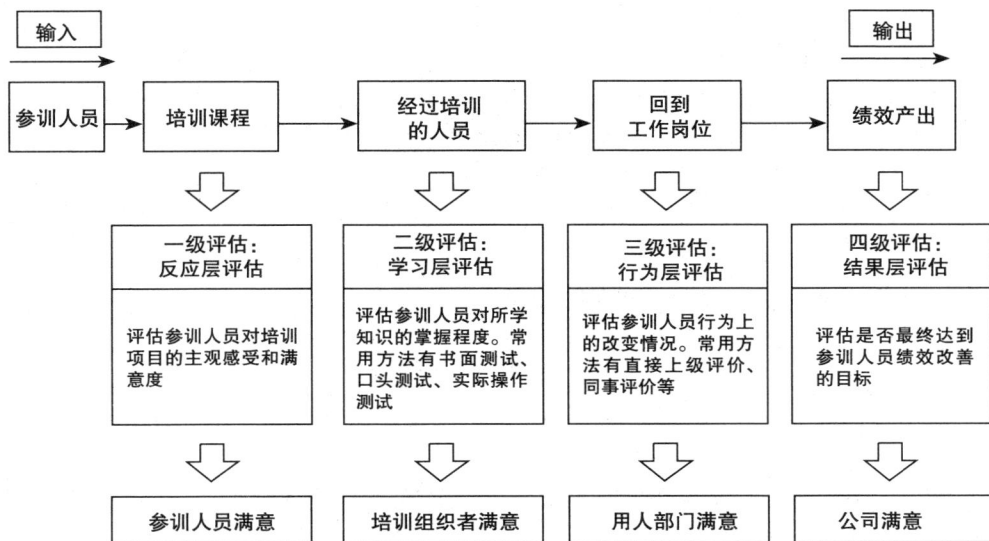

图 7-1　柯氏四级培训评估模型中的 4 个层面在培训管理中的不同定位和用途

柯氏四级培训评估模型从培训的输入到输出贯穿整个培训流程，每一个过程节点对应着不同的评估内容。

反应层评估通过评估参训人员对培训项目的主观感受和满意度，实现参训人员满意。

学习层评估通过对参训人员对所学知识的掌握程度的评估，实现培训组织者满意。

行为层评估通过评估参训人员行为上的改变情况，实现用人部门满意。

结果层评估通过评估是否最终达到参训人员绩效改善的目标，实现公司满意。

7.2　培训结束后评估的 4 个层面

对反应层、学习层、行为层和结果层的评估，能够为未来培训的组织和运行提供可参考的、有价值的信息。

7.2.1　一级评估：反应层评估

反应层评估又称一级评估，指的是评估参训人员对培训项目的意见，包括对培训的场地环境、设施设备、讲师、资料、内容和方法等的意见。反应层评估常用的方法包括问卷调查法、访谈法、小组讨论法、观察法等。

对参训人员进行反应层评估对培训的改进至关重要，是评估培训效果和实用性的最直接的方法。反应层评估样表如表7-1所示。

表7-1 反应层评估样表

问题	分值	分值	分值	分值	分值
1.您对课程内容的理解程度	5	4	3	2	1
2.您认为本次培训内容对您工作的帮助程度	5	4	3	2	1
3.您对本次培训时间安排的满意程度	5	4	3	2	1
4.您认为本课程内容前后衔接的合理程度	5	4	3	2	1
5.您认为课件的清晰明了程度	5	4	3	2	1
6.您对本次培训主题的满意程度	5	4	3	2	1
7.您认为本次培训内容与您的期望的符合程度	5	4	3	2	1
8.您认为讲师的语言表达清晰程度	5	4	3	2	1
9.您对本次培训中案例的满意程度	5	4	3	2	1
10.您认为讲师的专业程度	5	4	3	2	1
11.您认为讲师充分调动学员参与的程度	5	4	3	2	1
12.您认为讲师的仪容仪表和精神面貌情况	5	4	3	2	1

LD在设置适合本组织运用的反应层评估表时需要注意如下内容。

1. 设置的所有问题要有目的性

有的LD抱着应付了事的心态，从网络上搜集一些评估模板，简单修改之后就直接应用。这样做虽然也能得到相关的数据，但很可能起不到培训评估的作用。

LD设计出的每一个问题都应该是为了评估培训效果，而不是为了得出一个没有用的数据或者做出漂亮的评估报告。不具有目的性的问题，都是无效的问题。这类问题越多，无效管理越多，培训管理的成本浪费也越大。

例如调查问卷中问"您对课程内容的理解程度"，目的是了解本次培训的意图和内容是否有效传达给了参训人员，如果此项评分较低，LD可以从培训课程设置、讲师授课等方面寻找原因；调查问卷中问"您认为本次培训内容对您工作的帮助程度"，目的是了解培训目的和培训需求的契合程度，如果此项评分较低，LD需要在这方面寻求改进。

2. 分值段不宜设置过多

一般来说，LD可以把每个问题的分值段设置在5个以内。有的组织将评分项仅设置为两项——"满意"和"不满意"，也是可以的。

许多 LD 为了增加调查问卷的丰富程度，可能会设置较多的分值段。但设置较多的分值段一方面不利于参训人员打分；另一方面，分值段设置得越多，分值的离散度越低，分值段设置得越少，分值的离散度越高。LD 设置调查问卷的目的是发现问题，离散度高的分值更便于 LD 快速发现问题。

3. 打分操作越简单越好

LD 设置的所有打分操作最好便于参训人员快速完成，不要让参训人员参与调查时承担较大的工作量。打分操作一般是勾选或填写相应选项。

有的 LD 把调查问卷设置得过于复杂，结果填写调查问卷可能需要耗费参训人员大量时间，引起参训人员的不满，而且汇总评估结果也较困难。

7.2.2　二级评估：学习层评估

学习层评估又称二级评估，指的是评估参训人员对培训所传递的知识、理念和技能的掌握或领悟情况。

每项工作有对应的技能和知识要求。对于学习层评估，LD 可以通过笔试、技能实际操作、案例分析、情景模拟、课堂回顾等方法，考察参训人员培训前后在知识、理念、技能方面是否有大幅度的改善。

LD 在进行学习层评估时要注意评估的信度和效度。

评估的信度指的是评估结果的可靠性、稳定性和一致性。信度越高，代表评估结果的一致性水平越高；信度越低，代表评估结果的一致性水平越低。有时候，评估的误差将会导致评估结果的不一致，从而降低评估的信度。

评估的效度指的是评估结果的有效性。效度越高，代表评估结果和实际情况越吻合；效度越低，代表评估结果和实际情况越不吻合。

以数学考试为例。假如某位同学只掌握了数学教材上 50% 的知识，对另外 50% 没有掌握。这时候这位同学去参加数学考试，他其实有一定的概率能得满分，也就是当考的全部知识恰好都是他所掌握的知识的时候；他也有一定概率得零分，也就是当考的全部知识恰好都是他没掌握的知识的时候。这就是信度思维。

从考评人的角度思考问题，他为了考查学生的真实水平，一定不希望一个事实上只掌握了 50% 的知识的学生在考试中得满分，所以他出题的时候会怎么做呢？他一定会把必要的、分散的知识点放到试卷上，以保证试卷上知识点的代表性、重要性和尽可能的全面性。考评人这样做，是为了从考查知识的选择方面最大限度地保证考试的科学性和严谨性。

LD 在设置培训结束后的学习层评估时也是同样的道理。LD 不希望看到一个事实上掌握培训内容较少的员工通过评估，所以要把培训过程中最具有代表性、最重要的内容尽可能全面地纳入评估内容。这是信度思维在学习层评估中的运用。

对效度思维的应用同样可以以数学考试为例。考评人的目的是测评学生对数学知识的掌握程度，他就应当测评数学相关知识，而不应该在试卷中加入英语测试内容，这样就和测评的初衷相悖了。

在进行学习层评估的时候，LD 也要注意类似问题，如果 LD 要评估的是本次培训传递的知识或技能被参训人员接受的程度，就应当围绕本次培训设置评估内容，而不应该加入一些本次培训并没有涉及的内容。

7.2.3 三级评估：行为层评估

行为层评估又称三级评估，用于衡量参训人员培训前后的行为变化情况，是了解参训人员有没有把掌握的知识和技能落实到行动中或运用到工作中的过程。行为层评估一般以平级、上级通过观察参训人员在培训前后行为上的差别的方式进行，常用方法包括绩效评估法、访谈法、小组讨论法、观察法等。

行为层评估样表如表 7-2 所示。

表 7-2 行为层评估样表

姓名	培训前行为	培训后行为	评估时间	评估人	LD

例如某公司组织中层干部培训后，对所有参训人员展开的行为层评估如表 7-3 所示。

表 7-3 某公司中层干部行为层评估

序号	姓名	培训收获	预期结果	执行措施	检查人	评估时间	评估结果
1	王××	1.××× 2.××× 3.×××	×月底，A 产品销量增加 30%，B 产品销量增加 25%，C 产品毛利率不低于 10%	1.××× 2.××× 3.×××	李××	×××	全部执行到位
2	张××	1.××× 2.××× 3.×××	×月底，自动补货率达到 80%，生鲜毛利率达到 18.86%	1.××× 2.××× 3.×××	常××	×××	全部执行到位
3	于××	1.××× 2.××× 3.×××	×月底，生鲜产品盘点损耗率降低 0.5%，销量增加 25%	1.××× 2.××× 3.×××	刘××	×××	生鲜产品损耗率降低目标达成，销量增加情况待下月评估

7.2.4 四级评估：结果层评估

结果层评估又称四级评估，用于衡量培训是否最终改善了组织绩效。如果培训可以达到改变参训人员态度和行为的目的，那么 LD 接下来就应当考察参训人员的这种改变是否对组织绩效的改善起到了积极的作用。结果层评估可采用绩效评估法、访谈法等方法。

由于绩效数据多种多样，结果层评估结果没有相对固定的形式。例如某公司的某类产品销量有下滑趋势，该公司对销售人员进行培训后，对该类产品的销售绩效进行了评估，结果如表 7-4 所示。

表 7-4 某公司培训结果层评估

分类	开始日期	结束日期	20×2 年绩效		20×1 年绩效	
			销售金额/元	毛利/元	销售金额/元	毛利/元
培训前	20×2-06-12	20×2-06-18	5032487	1135487	5132574	1237425
	20×2-06-19	20×2-06-25	6095294	1513792	5901714	1420305
培训后	20×2-06-26	20×2-07-02	5793909	1467626	5444911	1297784
	20×2-07-03	20×2-07-09	5630053	1444738	5255109	1283352
	20×2-07-10	20×2-07-16	6035636	1640722	5428318	1314703
	20×2-07-17	20×2-07-23	11062800	1738222	9521474	1469179
	20×2-07-24	20×2-07-30	6888144	1535316	6024382	1232302
分类	开始日期	结束日期	20×2 年绩效		20×1 年绩效	
			销售金额较上年同期变动情况/元	销售金额较上年同期变动百分比	销售金额较上年同期变动情况/元	销售金额较上年同期变动百分比
培训前	20×2-06-12	20×2-06-18	-100087	-2.0%	-101938	-8.2%
	20×2-06-19	20×2-06-25	193580	3.3%	93488	6.6%
培训后	20×2-06-26	20×2-07-02	348998	6.4%	169843	13.1%
	20×2-07-03	20×2-07-09	374944	7.1%	161386	12.6%
	20×2-07-10	20×2-07-16	607318	11.2%	326019	24.8%
	20×2-07-17	20×2-07-23	1541326	16.2%	269043	18.3%
	20×2-07-24	20×2-07-30	863762	14.3%	303014	24.6%

通过对培训前后产品销售绩效的对比，LD 能够清晰地看出培训前后的销售绩效的变化情况。培训后销售金额均有明显增长。需要注意的是，销售绩效的变化与多种因素有关，LD 不能简单地认为全是培训的功劳。

结果层评估也可以采用评估培训投资回报率的方法进行，培训投资回报率计算公式如下：

培训投资回报率 = ［（培训项目总收益 − 培训项目总成本）÷ 培训项目总成本］× 100%

在培训投资回报率的计算公式中，"培训项目总收益 − 培训项目总成本"也叫培训项目净收益，培训项目总成本应当把全部培训费用计算在内。

培训项目总收益根据培训目的和类别的不同有所不同，常见的 4 种培训项目总收益的计算公式如下。

如果培训的最终目的是实现销售额的增长，LD 可以通过如下公式计算培训项目总收益：

培训项目总收益 = 人均销售额增长 × 销售利润率 × 参训人数

如果培训的最终目的是提高劳动生产率，LD 可以通过如下公式计算培训项目总收益：

培训项目总收益 = 劳动生产率提高的比例 × 人均工资福利 × 参训人数

如果培训的最终目的是减少差错，LD 可以通过如下公式计算培训项目总收益：

培训项目总收益 = 平均每一个差错的成本 × 平均每人减少的差错个数 × 参训人数

如果培训的最终目的是留住客户，LD 可以通过如下公式计算培训项目总收益：

培训项目总收益 = 留住的客户数 × 从每位客户处获得的平均收益

7.2.5　工具选择：这样选择评估工具

针对培训结束后 4 个不同层面的评估，可以使用的评估工具如表 7-5 所示。

表 7-5　不同层面的评估可以使用的评估工具

评估层面	可以使用的评估工具
反应层	问卷调查法、访谈法、小组讨论法、观察法
学习层	笔试、技能实际操作、案例分析、情景模拟、课堂回顾
行为层	绩效评估法、访谈法、小组讨论法、观察法
结果层	绩效评估法、访谈法

不同评估工具的优点、缺点和使用时的注意事项如表 7-6 所示。

表7-6　不同评估工具的优点、缺点和使用时的注意事项

评估工具	优点	缺点	使用时的注意事项
问卷调查法	便于全面评估问题，能够给参训人员足够的时间表达自己对培训的意见和建议	如果设计不当或使用时机不合适，容易流于形式	设计问卷时要注意是否符合培训的目的 设计的问卷要充分考虑到参训人员各种不同的反应 采用定性描述与等级打分制相结合的方法设计问卷 时间控制有度，参训人员填写调查问卷的时间应控制在15分钟以内 鼓励参训人员按真实想法填写 应该在培训结束后立即进行问卷调查
测试类（笔试、技能实际操作、案例分析、情景模拟）	可以直接测试参训人员对培训内容的掌握程度	有可能使部分参训人员情绪紧张，不利于其正常水平的发挥 测试的成功并不意味着实践工作的成功	应针对培训内容与参训人员的特点设计相应的测试内容 可以考虑将笔试、技能实际操作、案例分析、情景模拟等几种评估工具结合使用 最好在培训结束后立即进行测试
绩效评估法	有助于全面评估参训人员的工作表现	周期长，成本高 涉及多个部门，实施难度大 如果没有严格的制度保障和客观、公正的评估标准，很容易流于形式 数据的真实性、全面性有待确认 绩效的改善取决于多种因素，有时难以判断某类培训是否促使绩效改善	通常由财务部、人力资源部、参训人员所在部门负责人共同进行评估
访谈法	克服了其他评估方法无法进行双向沟通的弊端，访谈者可以随时根据情况调整访谈的目的和方向，以全面获取所需要的信息	访谈的效果受制于访谈者的技巧与参训人员是否愿意透露真实想法等多种因素	要有明确的访谈目的 应掌握一定的访谈技巧 通常作为一种辅助工具应用，而不是唯一的工具
观察法／小组讨论法	直观，便于操作	只能观察表象，不能揭示深层次原因，主观臆断性强	最好与其他评估工具配合使用

续表

评估工具	优点	缺点	使用时的注意事项
课堂回顾	便于纠正参训人员主观上的错误认识	不利于发现每个参训人员对培训内容的掌握情况	通常在某一培训完成或当天课程结束后进行 如果培训持续一天以上或培训包含不同的内容，则在培训过程中进行，主要用于整体评估参训人员对培训内容的掌握程度

在所有的评估工具中，问卷调查法、测试法（包括笔试、技能实际操作、案例分析、情景模拟）、绩效评估法是培训评估的主要工具，访谈法、观察法、小组讨论法是培训评估的辅助工具，课堂回顾是特定情况下的简易评估工具。

7.3 培训效果转化和培训追踪

组织实施培训的目的是将培训效果转化到实际工作中，将培训内容内化为员工的能力，并落实到员工的行动中。要实现这一目的，培训效果的转化及培训后对参训人员的追踪工作至关重要。

7.3.1 效果转化：4个阶段固化培训效果

进入培训状态后，参训人员把培训的效果内化为能力的过程通常分为4个阶段，分别是转化、应用、传播和固化。经过这4个阶段，培训效果获得内化，表现为参训人员工作能力的提升。培训效果转化过程如图7-2所示。

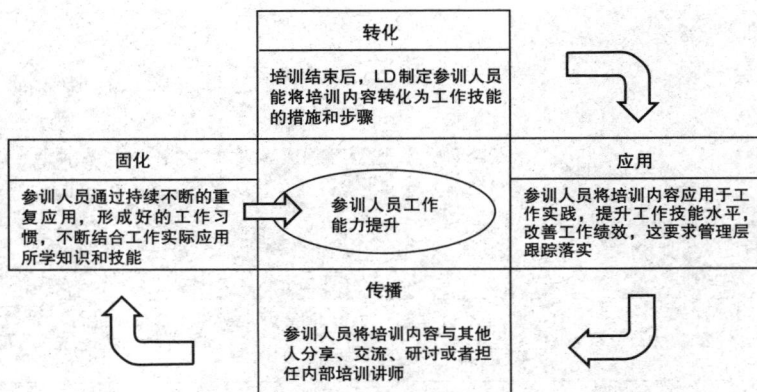

图7-2 培训效果转化过程

1. 转化

LD 应当根据组织情况，在培训结束之后，制定参训人员能将培训内容转化为工作技能的措施和步骤。

比如 LD 可以告知参训人员的直属上级参训人员在培训过程中学习了哪些内容，向参训人员的直属上级说明期望参训人员在培训后如何应用这些内容，并期望他能够监督和评价参训人员对相应内容的应用情况。

这种监督和评价也可以与参训人员在培训前做出的有关行为改变或绩效改善的承诺联系到一起，LD 可以把参训人员做出的承诺发给他的直属上级，并期望他能够监督和评价参训人员履行承诺的过程。

2. 应用

在应用阶段，LD 应当要求参训人员把培训内容应用于工作实践，提升自己的工作技能水平，改善工作绩效，并要求参训人员的直属上级协助跟踪落实。

例如某公司改进某类生产工艺，员工参加关于新生产工艺的培训之后，就必须在实际工作中按照新的生产工艺实施操作。

应用阶段工作有效开展的关键不是 LD 对参训人员提出了怎样的要求，而是参训人员的直属上级能否有效地实施监督、评价、管理和纠正。因为在这个阶段，参训人员已经回到了各自的岗位上，LD 就算实施检查，也不可能面面俱到，不可能像参训人员的直属上级一样对参训人员的工作情况全面掌握。

这个阶段的工作质量能够反映组织的培训管理所处的阶段。要想有效地实施该阶段的工作，保证培训管理的组织机构设置、培训管理的权责利划分、培训文化建设、培训管理制度等的科学合理都非常重要。

各部门的 LD 在这个环节也同样能够起到一定作用，可以协助部门管理者到工作现场实施监督和检查。LD 发现问题后，可以及时向人力资源部报备。

3. 传播

在传播阶段，LD 可以要求参训人员将培训内容与其他人分享、交流、研讨，或者担任内部培训讲师。培训机会通常是比较宝贵的，很多培训可能一个部门只有少数人有资格参加。

参训人员回到工作岗位后，通过对培训内容的转化和应用，已经具备把自己的知识和经验向部门内的其他人传播的条件。LD 应当要求他们向更多的员工传播这些信息。

这个阶段一般为培训结束，参训人员回到工作岗位后的第 2 ~ 6 周。如果实践时间过短，参训人员可能还没有深刻体会到培训内容的意义；如果实践时间过长，参训人员可能过于注重实践而忘记对理论的总结，这不利于参训人员向他人传播培训内容。

4. 固化

到了固化阶段，参训人员通常已经进行了对培训内容的转化、应用以及传播，对培训内容有了更深层次的理解和认识，接下来参训人员就要持续不断地应用培训内容。通过不断实践、不断复盘，参训人员对培训内容的理解可能进一步加深。

举例

某餐饮企业外派一名厨师去另外一家大型餐饮连锁企业学习了10种特色菜的做法。培训结束后，LD为这位厨师制定了一份详细的培训效果转化方案，旨在保证培训内容最终能够改善实际工作。

这份培训效果转化方案的大体内容如下。

（1）学习归来的厨师首先把这10道特色菜的做法自行练习多遍。这是对培训内容的转化。

（2）在这个过程中，厨师长负责监督、支持和帮助这位厨师不断练习与实践。这是对培训内容的应用。

（3）企业将在14天后组织一场培训，由这位厨师把他学到的这10道特色菜的做法传授给其他厨师。然后，其他厨师也要实现转化和应用，也就是其他厨师也必须持续练习和在实践中应用。这是对培训内容的传播。

（4）培训结束后，这位厨师再练习14天。在练习的过程中，这位厨师可以同其他厨师不断地研讨。通过这样的过程，厨师们还可能会对其中某几道菜做出改进和升级，让那几道菜的口味更好或者制作流程更简单。这是对培训内容的固化。

（5）30天之后，经过所有厨师的研讨和改进，形成这10道特色菜的标准制作流程。该餐饮企业便在门店的菜单上正式加上这10道特色菜。

7.3.2　培训追踪：6种培训后续追踪方法

培训结束后，LD了解参训人员的工作情况、思想状况，不仅能够让参训人员感受到组织对其的关心和重视，同时能够帮助他们解决实际工作中遇到的问题或困难，增强他们对组织的归属感，还能以解决问题为导向进一步提升他们的技能和绩效水平。

LD对参训人员实施培训后续追踪的常用方法有6种。

1. 撰写培训心得

LD可以要求参训人员撰写培训心得，其中必须包含培训课程中讲到的关键词、关键理念、关键内容等信息。LD收集培训心得后将其发送给培训讲师及参训人员的直属上级，并要求相关人员对参训人员的培训心得做出反馈。

2. 制订行动改进计划

培训结束后，LD可以要求参训人员制订行动改进计划，形成行动改进计划表，如表7-7所示。

表7-7 行动改进计划表

姓名	培训收获	当前问题	设立目标	行动改进计划	截止日期	检查情况	检查人

行动改进计划表中要详细写明参训人员重返工作岗位后运用培训理念或技巧的情况。参训人员与直属上级讨论后，共同确定该行动改进计划的实施方式和截止日期。

LD 留存行动改进计划表副本，同时也可以给培训讲师提供一份副本。LD 对参训人员行动改进计划的管理可以与行为层评估一起实施。

3. 问卷跟踪与辅导

培训结束一段时间后，LD 可以利用培训跟踪与辅导表对参训人员实施追踪，如表7-8 所示。

表7-8 培训跟踪与辅导表

姓名	培训前			培训后			评估人	评估时间	检查人	检查时间
	工作态度	工作行为	工作绩效	工作态度	工作行为	工作绩效				

LD 可以请参训人员的直属上级或者部门管理者对其工作态度、工作行为、工作绩效等的整体改善状况进行评价，在评价过程中对参训人员在理念、知识或技能方面存在的问题实施指导，并将评价结果反馈至人力资源部。通过这种形式的追踪，LD 可以了解参训人员对行动改进计划的执行情况。

4. 实地访谈

实地访谈是指 LD 或培训讲师到参训人员所在部门，与参训人员及其帮带师傅、直属上级或者部门管理者面对面沟通，了解参训人员培训前后的变化、对培训效果的转化等的情况。

如果参训人员的数量较少，那么实地访谈是了解培训效果最直接、有效的渠道。通过和参训人员的深入交流，LD 能够高效、直接地感知他们对培训的想法。

LD 在与参训人员沟通时，要注意沟通的方式，不要以管理者的姿态进行盘问，而应以朋友的身份与之交流。沟通的目的是产生积极的效果，所以 LD 注意不要在沟通过程中让员工产生压迫感和排斥感。

LD 与参训人员的沟通内容可以包含培训转化情况，工作进展，还存在哪些难解决的问题，还有哪些想提升的能力，对下一步工作有何想法，对组织有何建议，等等。同时，LD 应鼓励他们好好工作。

LD 与参训人员的帮带师傅、直属上级、部门管理者沟通的内容包括参训人员培训后的工作绩效改善情况，近期的工作表现，在能力上还存在哪些问题，在培训方面还有哪些事项需要人力资源部协助，等等。同时，LD 应鼓励他们用心培养参训人员。

LD 在实地访谈后，应形成培训访谈记录表，如表 7-9 所示。

表 7-9　培训访谈记录表

姓名	访谈时间	员工本人意见	管理者意见	访谈问题总结	培训工作改进建议	访谈人	备注

对参训人员、帮带师傅或部门管理者反映的问题和提出的合理化建议，LD 能够现场解决或回应的，则应现场解决或回应；不能现场解决或回应的，LD 需汇总整理相关问题后及时与相关领导沟通，形成解决方案，及时向问题或建议提出者反馈，并定期追踪方案的执行情况。

5. 召开培训后座谈会

LD 可以在培训结束后一段时间内（一般为培训结束后 1~2 周）开展培训心得及培训效果转化座谈会，了解参训人员的思想和行为动向。召开座谈会前，LD 需要拟定会议议程，由专人做座谈会记录，形成会议纪要。若有必要，会上可以形成行动改进计划表。

6. 成果认定与表彰

LD 综合所有参训人员的行动改进计划表，在培训结束后的 3 个月、6 个月或 1 年定期追踪其执行情况，进行成果认定，将相应资料归入员工档案，并组织开展培训成果表彰会，表彰培训效果转化理想的优秀员工。

对于培训效果转化不理想的员工，LD 可以与他们的直属上级或部门管理者沟通，安排他们再次参与培训。

对拒不配合的员工，LD 可以参考培训管理相关规定，给予其相应处罚。

⬗ 前沿认知
用正确的方法进行培训评估

笔者曾问过许多在大公司做培训工作的 LD 做培训工作时最大的痛点是什么，得到的最多的回答是培训评估。这可能是因为许多 LD 认为培训评估是培训管理中最重要的一项工作，所以他们才会认为这是最大痛点。

类似的情况也出现在笔者曾经服务的一家公司中。当时那家公司已经有 15 年的历史，公司规模在行业中较大，但公司的董事长、总经理还有常务副总经理等核心管理人员还是第一代人员。

他们抓住了时代发展的机遇，敢想敢干、努力拼搏，获得了比较大的成功。他们在公司经营上的眼光是独到的、超前的，但他们在企业管理方面的理念相对比较落后。

当公司规模不大时，这种问题并不明显。但当公司达到一定规模后，如果管理理念不升级，就会带来很多管理上的问题。

有一次，这家公司的常务副总经理不知道从哪里获得了有关培训评估的信息，回到公司之后就要求人力资源部做好培训评估工作。

按照这位常务副总经理的观点，人力资源部如果不能确切地说明所有培训的效果如何、投入产出比如何，那培训就等于白做了。

他要求之后的每一次培训都必须使用柯氏四级培训评估模型进行评估，不然他就要对人力资源部实施考核，而且他会时不时地亲自到人力资源部检查这项工作的开展情况。

原本人力资源部一个月能举办大约 20 场培训，在这位常务副总经理提出上述要求后，变成了每个月最多只能举办 10 场培训，因为 LD 要花费大量的时间做培训评估。一场培训下来，考试、跟踪、数据等都要有，培训评估报告变得要多详细有多详细。培训评估的工作量非常大，但因为要控制成本，当时的人力资源部还不能增加人手。

某项工作的量大本身不是问题，问题是这项工作的开展真的对经营管理有积极作用吗？

管理工作不是做得越细越好，也不是做得越多越好，而是要在对的时候，做对的事。治大国若烹小鲜，管理者就像厨师，没有一道菜的做法是完全一样的。如果是制作爆炒土豆丝，那么需要不断翻炒土豆丝，不然土豆丝可能会糊掉；可如果要制作的是清蒸鱼，肯定不能像制作爆炒土豆丝那样不停翻炒，否则鱼肉会散掉。管理也是同样的道理。

笔者在某家世界 500 强企业工作时，发现这家企业关于什么样的培训需要进行什么样的培训评估，需要使用什么样的表格，都有明确的规定，绝对不是在每一场培训结束后都死板地套用柯氏四级培训评估模型。

为什么？

因为管理模式比较成熟的组织经过了时间的沉淀和经验的积累，对于管理成本和管理效果的认知也比较深刻，这样的组织不会随随便便地做一些管理者想当然的事情。什么事情有用，什么事情没用，什么问题应当通过什么样的管理方式解决，这些组织早已形成了一定的规范。

可能这些组织在几十年前也犯过类似的错误，但是现在，它们不会再犯同样的错误了。

培训评估是把培训实施后的效果与预期效果进行比较和分析的过程，其目的是找出问题，及时改善，提升下一次培训的效果。组织不是为了评估而培训，而是为了更好地培训而评估。

🔊 疑难问题
如何降低培训后的员工离职率

有时候，LD做好了培训，但是员工离职率居高不下。如果组织以大量的时间、大量的培训资源培训的员工离职，组织除了遭受一定的损失外，还可能为竞争对手节省了培训资源，为其提供了素质较高和能力较强的人才。

人才流失对组织造成的损失不仅包含招聘成本、培训成本等管理成本的损失，还包括从寻找接任者到接任者达到能够满足该岗位需求能力要求的时间成本和因人才流失影响现有员工士气的精神成本等的损失。

为预防组织投入大量培训资源重点培养的员工离职，LD可以做好如下工作。

1. 注意招聘的环节

招聘管理的质量和员工离职率的高低有直接的关系。

面试时，如果候选人曾经的工作经历比较复杂，如平均每份工作的在岗时间不超过3年，工作过的组织数量较多，对于转换工作的理由含糊其词，则说明该候选人的稳定性较差，组织在选择的时候就需要谨慎考虑。

有的HR为了迅速吸引人才，在招聘宣传的时候会给候选人传递过多的正面信息，如有的HR提供薪酬信息时只提供薪酬范围（比如，月薪4000~15000元），有的HR甚至提供虚假的岗位、薪酬、福利待遇信息。候选人因此产生过高的期望，入职后发现实际情况与HR的描述或自己的想象不符，必然会产生较大的心理落差，最终离职。

2. 用薪酬福利留住员工

构建具有市场竞争力的薪酬福利体系是留住员工的有效手段之一。组织除了提供工资和奖金外，还应在福利的多样性、长远性、独特性上下功夫。例如，设置员工持股计划、提供菜单式的个性化福利、定期组织团建活动等。

需要注意的是，薪酬福利是"保健因素"，而不是"激励因素"；是能够满足员工物质和生活需求的基本资源，而不是"灵丹妙药"，一味期望通过高薪酬福利来留住员工并不可取。

3. 用文化和情感留住员工

比制度更能够影响员工的是组织文化，组织文化是员工扎根的土壤，优秀的组织文化天然具有吸引和留住员工的作用，能够让员工在组织中茁壮成长；而不好的组织文化，会把员工往外推。

与薪酬福利这类"保健因素"不同，组织与员工建立起的情感联系属于"激励因素"。上级和同事与员工之间建立起的情感联系，能够极大地增强员工的幸福感、责任感，进而增强员工的稳定性。

4. 用职业发展留住员工

如果组织能够为员工提供良好的学习和培训机会，提供一条畅通、清晰的职业发展通道，那么哪怕目前组织提供的薪酬福利没有太强的市场竞争力，员工也会留下来。职业的发展和能力的提升能让员工收获自身价值提高的满足感，因而会有更多员工为了得到更好的发展选择留在组织内。

所以，组织应完善培训管理体系，做好职业发展通道建设，为员工提供更多的学习和发展机会。

5. 用法律手段留住员工

除了采用薪酬福利、文化、情感、职业发展等这些常用的留人手段之外，从培训管理的角度来说，HR 还可以和参训人员在培训前签订《培训服务协议》，用法律手段降低员工离职率。

🔍 疑难问题
如何设计《培训服务协议》

《中华人民共和国劳动合同法》第二十二条的内容如下。

用人单位为劳动者提供专项培训费用，对其进行专业技术培训的，可以与该劳动者订立协议，约定服务期。

劳动者违反服务期约定的，应当按照约定向用人单位支付违约金。违约金的数额不得超过用人单位提供的培训费用。用人单位要求劳动者支付的违约金不得超过服务期尚未履行部分所应分摊的培训费用。

用人单位与劳动者约定服务期的，不影响按照正常的工资调整机制提高劳动者在服务期期间的劳动报酬。

《培训服务协议》是从法律角度约束培训后员工行为，保护公司合法权益的工具。

如何预防公司投入了大量培训资源重点培养的员工离职，成为许多公司需要解决的一大难题。除了常用的留人手段之外，从培训管理的角度来说，公司可以与参训人员签订《培训服务协议》，模板如下。

甲方：_____　　　经营地址：_____

乙方：_____　　　身份证号：_____

家庭住址：_____　　　联系电话：_____

甲乙双方经友好协商，就乙方在甲方工作期间，关于乙方的培训事项达成如下协议。

1. 培训内容：_____

2. 培训方式：_____

3. 培训费用：甲方为乙方培训所实际支出的全部费用。

本次培训费用数额为：_____元。培训费用包括但不限于培训场地费用、师资费用、学费、教材费用、食宿费用（包括培训师资人员和乙方）、差旅费用、考试报名费、培训期间向乙方支付的工资，以及因培训产生的用于乙方的其他直接费用。

4. 服务期限

甲方选派乙方参与培训的，乙方服务期自培训期满之日起开始计算，培训费每增加1000元，服务期相应增加1个月。合同期限内连续培训或者多次培训，服务期可累加。通过本条确定的服务期限，如果短于双方劳动合同期限，以双方劳动合同期限为服务期限；如果长于双方劳动合同期限，则双方劳动合同期限延长至服务期限截止之日。

5. 甲方的权利、义务

（1）甲方有承担培训费用的义务，但本协议和甲方规章制度另有规定的除外。

（2）因乙方的原因导致劳动合同解除或提前终止的，乙方应赔偿甲方支出的培训费用；给甲方造成其他损失的，甲方有权要求其赔偿实际损失。

（3）甲方有权选择培训的内容、方式、地点、人员、时间等。

（4）甲方在培训结束后，有权根据培训内容及甲方经营之需要，调整乙方的工作岗位。培训结束后甲方可要求乙方提交培训证书原件。

（5）若乙方服务期未满就擅自解除劳动合同或无甲方书面同意而擅自离职，甲方可要求乙方赔偿甲方支出的培训费用。乙方需赔偿的培训费用的计算方式为：

乙方需赔偿的培训费用 = 培训费用总额 − [（培训费用总额 ÷ 服务期限）× 乙方实际服务时间]

培训期间乙方辞职的，也视为违反服务期限约定。

6. 乙方的权利、义务

（1）乙方享有要求甲方依照本协议约定承担相关培训费用的权利。

（2）在培训期间，乙方应当遵守甲方、培训方的规章制度，认真完成培训任务并取得培训合格的证明材料。培训方提供合格证明而乙方未能取得的，甲方有权要求其重新参加培训并且乙方应承担当次培训的费用。

（3）在培训期间，乙方应维护甲方的声誉、利益。

（4）在非工作地点开展的培训结束后，乙方应当于合理期限内返回工作地点参加工作，否则视为旷工。

（5）乙方凡取得证书的须将原件交由甲方存档。

甲方（盖章）：　　　　　　　乙方（签字）：

年　月　日　　　　　　　　　年　月　日

另外，公司最好在培训结束后在本协议后附上相应的费用清单。

第8章
LD 典型实战案例

实务工作中，不同组织的 LD 常常会遇到各种可预料或不可预料的实际问题。本章主要介绍 4 个比较典型的案例，通过对案例的解析和对方法的总结，给 LD 启发，帮助 LD 更好地应对实际问题。

8.1　LD 日常工作定位

很多 LD 对自身定位没有清晰的认知，加上实务工作中可能出现种种状况，造成有的 LD 在工作中找不准自身定位，工作成果偏离了岗位价值，工作内容偏离了职责方向。

8.1.1　案例内容：LD 受困于行政工作

张三是一家公司的 LD。刚上任时，张三听公司分管人力资源管理工作的副总强调 HR 要做好服务工作，同时听说公司对 LD 的绩效考核评价中有"事业部满意度"这项指标。

张三觉得自己以前就很善于沟通，基于自己对 LD 的理解，张三坚定地认为在这家公司中要做好 LD 工作，就是要做好服务工作，服务好事业部。

基于这个思路，张三记住了事业部所有人的生日信息，生日当天发送祝福短信，并提醒主管关注下属的生日。后来，张三为了增加事业部对自己的好感，又陆续接手了申领办公用品、预订酒店、递送纸质单据等一系列行政工作。

一开始，张三的工作体验很不错，他认为虽然自己平时做的这些行政工作价值不高，贡献度也不高，但自己也算是在服务事业部了。事业部的负责人一开始也对张三的工作比较满意，在对张三的绩效评价中给了张三比较高的评价。这让张三非常有成就感。

然而一段时间后，当张三仍忙于处理行政工作时，事业部的负责人却向张三表达了不满。原因是事业部员工的能力不足，竞争对手正在紧锣密鼓、如火如荼地组织培训，学习最新的产品技术知识，事业部的员工却没有进行该有的培训。

员工能力上的不足渐渐演变为事业部产品竞争力上的不足，事业部的业绩逐渐下滑且达不到公司要求，为此，事业部的负责人火冒三丈，要求张三赶快组织相关培训，可这时候张三的时间已经被行政工作占满了，张三分身乏术。

如果不再做这些行政工作，事业部对张三的满意度可能会下降；如果继续做行政工作，张三又无法满足事业部负责人对组织培训的需求。

张三觉得自己好像进入了一个死胡同，不论怎么做都不对。

8.1.2　分析思考：LD 服务组织的方式

张三的案例非常典型。实际上不只是 LD，很多 HR 也有类似的问题。组织赋予自己的职责和定位本来是明确的，却因为工作中的一些实际状况，自己的心态发生了变化，于是出现了上例中的问题。

针对上例，有3个问题需要分析和解决。

（1）难道LD不应该服务于业务部门吗？

LD当然应该服务于业务部门，但服务于业务部门不等于要做大量的行政工作。如果做了大量的行政工作，LD无异于把自己变成了行政文员。

服务业务部门是对的，但LD要体现自己的核心价值，如果只处理一些行政工作，组织多增加一个行政文员岗位就可以，还要LD做什么呢？

LD要做更多管理类的、前瞻性的工作，例如协助OD做组织文化建设，协助TD做人才发展，同时要做好自身的人才培养和培训工作。

例如，LD可以根据业务部门的业绩情况，梳理绩效水平高或绩效水平低的人员的信息，择优取精，然后协助业务部门管理者辅导绩效水平低的人员，帮助业务部门提升绩效水平。

（2）如果LD现在已经负责了很多行政工作，没有时间做本职工作，怎么办呢？

这种情况通常是因为工作中的遗留问题太多，就像上例中的张三，当他意识到问题存在，可能"为时已晚"，但这也不代表没有解决办法。办法总比问题多，任何问题都有办法解决。

以张三为例，如果可能的话，张三可以向事业部的负责人说明自己当前面临的问题，请事业部的负责人帮助协调自己的工作内容，尽量减少自己负责的行政工作。

如果某些行政工作难以避免，张三可以规定事件触发频率。例如，每周领取文具一次，统一申请办公用品，纸质单据在一个固定时间点递交，等等。

（3）LD如何做高价值的工作？

首先，LD要明确自身的岗位职责，虽然每个组织对LD的定位有所不同，但基本上设立LD的组织都具备一定的共识。LD可以在理解这个共识的基础上做好自己该做的工作，也可以和业务部门负责人一起定义什么是高价值的工作。

为了做高价值的工作，必要时，LD可以从业务部门出发，而不是从人力资源管理工作的角度出发，适当调整自己的工作内容。但要明确，高价值的工作不应是为了"讨好"业务部门而"被迫"开展的工作。

8.1.3 延伸方法：LD工作定位

当组织的人力资源管理水平较低时，LD通常以做事务型工作为主，以做管理型工作为辅，几乎很少能够接触到战略型工作。此时，LD的职能工作分类及其占比情况如图8-1所示。

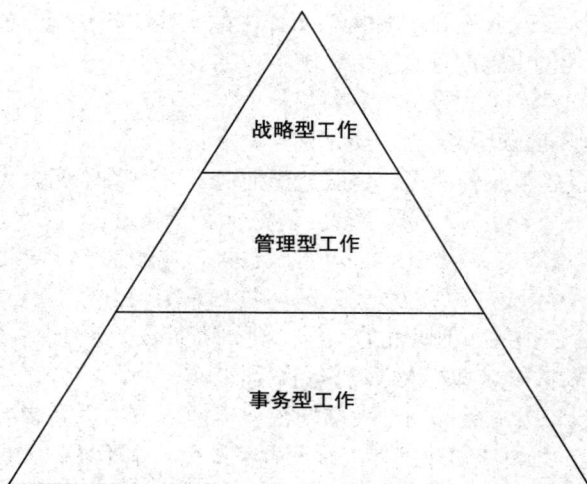

图 8-1　组织人力资源管理水平较低时，LD 的职能工作分类及其占比情况

随着组织人力资源管理水平的不断提高，LD 的职责和功能将会发生变化，即以做管理型工作为主，以做战略型工作和事务型工作为辅。此时，LD 的职能工作分类及其占比情况如图 8-2 所示。

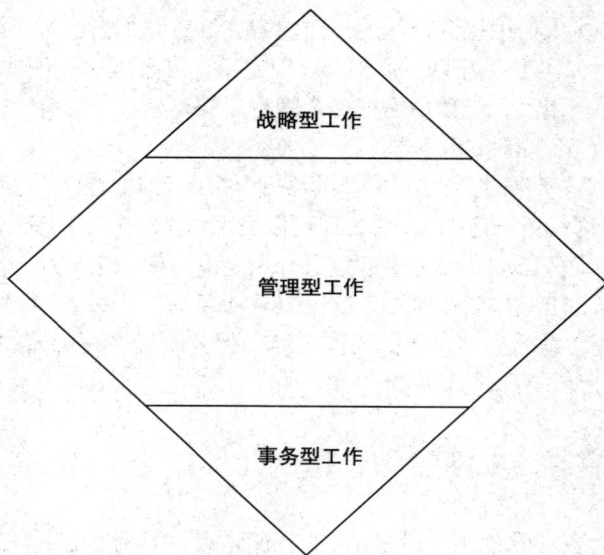

图 8-2　组织人力资源管理水平较高时，LD 的职能工作分类及其占比情况

当然，LD 不应盲目增强自身的战略属性和管理属性，把人力资源管理变成一种"高高在上"的工作。LD 应该和业务部门负责人一起参加业务部门的各种会议，可能的话，甚至可以与客户深入接触，参加某些客户会议，而不是坐在办公室里纸上谈兵。

LD 要成为业务部门负责人在育人方面的"智囊"，为他们出谋划策，帮他们解决难题。为此，LD 可以与业务部门负责人一起做好如下工作。

（1）人才培养：建立人才梯队，发展人才，帮助人才做好职业生涯规划。

（2）人才保留：要留住人才，了解人才需求，稳定人才队伍。

（3）优化人才：识别低绩效水平人才，有效处理低绩效水平人才。

（4）激励人才：有效表扬员工，对高绩效水平人才实施合理嘉奖。

（5）传播文化：帮助传播组织文化和价值观。

（6）促进沟通：促进业务部门负责人和上下级之间、业务部门之间的有效沟通。

8.2　老员工也能接受新事物

在有的组织中，员工的学习意愿较弱，尤其是老员工。有的老员工长期待在自己的"舒适圈"中，安于现状，不求改变，不愿接受新事物。在这种情况下，LD 除了要帮助老员工找到自己与新员工的差距外，还可以通过建立学习机制，引导老员工学习发展。

8.2.1　案例内容：老员工不思进取

某公司有 30 年历史，在之前的发展中，公司高层管理者更重视业务扩张，在人才学习发展方面投入的时间和精力较少。

新上任的总经理意识到公司人才的素质、知识和能力与竞争对手相比存在较大差距，很多竞争对手因为业务模式正确、团队的组织能力较强，实现迅速发展，而本公司却开始显现出发展上的疲软态势。

李四作为 LD 刚入职这家公司不久，公司总经理就亲自带队组织培训，培训的主题是战略管理。参训人员是公司全体干部，包括车间主任，一共 400 多人。

组织这场培训的原因主要有 3 个。

（1）总经理本人最近在战略管理上存有疑惑，这一疑惑在公司内部得不到解答，所以总经理就想找外部讲师来公司教授战略管理知识。通过对战略管理知识的学习，总经理期望能够获得制定公司接下来的发展战略的思路和方法。

（2）总经理觉得公司干部的素质水平普遍较低，公司虽然发展历史较长，但之前高层管理者的主要精力都放在经营业务上，忽略了人才的学习发展，很多干部没接受过正规的培训，应该多学习。这也正是总经理在公司中增设 LD 岗位的原因之一。

（3）总经理想让李四入职后多组织一些员工学习活动，其亲自组织这次培训一方面是给李四"打个样"，让李四以后可以参照这次的经验做；另一方面是为了让公司全体干部清楚自己对人才学习发展的重视，帮李四后续顺利开展工作"铺路"。

总经理请来的培训讲师是一位大学教授，这位教授虽然授课经验很丰富，理论功底也很扎实，可没在公司上过一天班，没有实战经验。结果，原本 4 个小时的培训，教授讲了不到 1 个小时，底下就睡了一大片，讲到最后只剩下不到一半的人，因为其他人实在听不下去，就默默地回去工作了。

后来，总经理又组织了两场类似的培训，一场的主题是绩效管理，另一场的主题是全面预算管理，参训人员依然是公司全体干部，共 400 多人。没想到培训现场的效果越来越差，有些干部全程玩手机，把参加培训当成了自己休闲娱乐的机会。

李四见状，心里不禁犯起了嘀咕：总经理亲自组织的培训，干部们都可以这样对待，自己以后组织的培训失败的概率不是更大吗？

面对这样的情况，李四该怎么办呢？

8.2.2　分析思考：促进学习的方式

首先分析一下，总经理亲自组织的那几场培训为什么会失败呢？

从培训的组织层面来说，培训失败的原因主要有以下 4 点。

1. 目的有问题

总经理组织的那几场培训，要么是因为他自己想学习某个内容而组织培训，要么是为了组织培训而组织培训。

2. 目标有问题

在实施培训前，总经理没有向参训人员明确表达培训的开展是为了解决什么问题，没有明确公司想要通过培训得到什么样的结果。

3. 受众有问题

总经理因为自己缺失这方面的知识，就认为公司全体干部也缺失这方面的知识，因此让公司全体干部参加培训，培训的受众有问题。

4. 培训讲师有问题

总经理没有选择合适的培训讲师来实施培训，造成培训效果比较差。

除此之外，总经理没有激发人才的学习兴趣，没有通过某种手段激发人才的学习动机。

摸清了这家公司的背景，明确了当前存在的问题后，李四想，刚经历完 3 场比较差劲的培训，如果马上进行体系化的培训，大家应该会很难接受，而且如果采取强制手段，只会带来参训人员更大的反感。

既然员工们普遍以日常工作较忙、培训影响正常工作为理由拒绝参加集中培训，李四就以微课为手段推行碎片化学习。大家不知不觉地习惯了参与培训之后，原本"推不动"的事情也就"推得动"了。

李四在向总经理说明了整套方案后，针对公司不同层次和岗位的人群建立了 5 个微课群。每期微课都找公司内部不同部门的管理者来讲。这样做的好处一是可以建立内部讲师队伍，锻炼内部人员的经验总结能力和授课能力；二是找外面的人讲大家不接受，而内部各部门管理者轮流讲，大家怎么也得互相捧场。

每期微课的时间不超过 15 分钟，大约每周开展 1 次，全年共开展 50 次。在每期微课结束后，会有相应的培训评估作业，根据培训内容的不同，培训评估作业有时是写计划方案，有时是填写调查问卷，有时是提合理建议，有时是写感悟。

按照要求完整学习微课及完成培训评估作业者将获得培训学分 1 分。在微课群内分享行业、产品以及管理等相关知识供大家学习与探讨者，一次奖励培训学分 0.2 分。年终累计的培训学分将按照 5∶1 的比例兑换成绩效考核分。以中层管理者为例，在类似岗位、相同职等职级、年终绩效考核其他项得分一样的情况下，如果 A 全年每周都完成微课学习，B 从来不完成，A 的绩效考核得分将比 B 高 10 分。根据每年总的奖金金额的不同，A 的绩效奖金大约会比 B 多出 3000 ~ 5000 元。

这就是对正激励的应用。B 如果不想学习微课，没关系，公司不会因此处罚他，也不会逼他学。但是，A 在进步，公司会奖励 A，这时候 B 多半也会行动起来。

后来，公司每期微课的参与率都在 95% 左右，李四推广微课的成功经验也得到了许多兄弟公司和咨询机构的一致好评。微课推行成功后，李四做了详细的培训需求调研，制订了全年的培训和人才培养计划，又组织了许多有针对性的线下培训。

8.2.3 延伸方法：成年人学习动机产生的原因

成年人并不是组织希望他们学什么，他们就会学什么。成年人的学习意愿、学习热情、学习态度，以及想要学习的内容与个体需求有很大关系。当成年人主动学习的时候，学习效果最好。当成年人不想学习的时候，再好的学习资源也不会让成年人产生学习兴趣。

成年人的学习动机来自个体未被满足的需求。但并不是只要存在未被满足的需求，成年人就会主动学习。要想让成年人产生学习动机，还需要有因未被满足的需求产生的驱动力和因驱动力产生的学习诱因。

未被满足的需求对成年人来说越重要，其所产生的驱动力就越强。未被满足的需求通过学习的方式被满足的程度越高，组织提供的学习资源越充沛，驱动力转化为学习诱因的可能性就越大。成年人在驱动力和学习诱因的影响下，将会主动产生学习行为。根据做出学习行为后目标的实现情况，成年人再次产生的学习意愿会相应增强或减弱。

成年人学习动机产生的原因如图 8-3 所示。

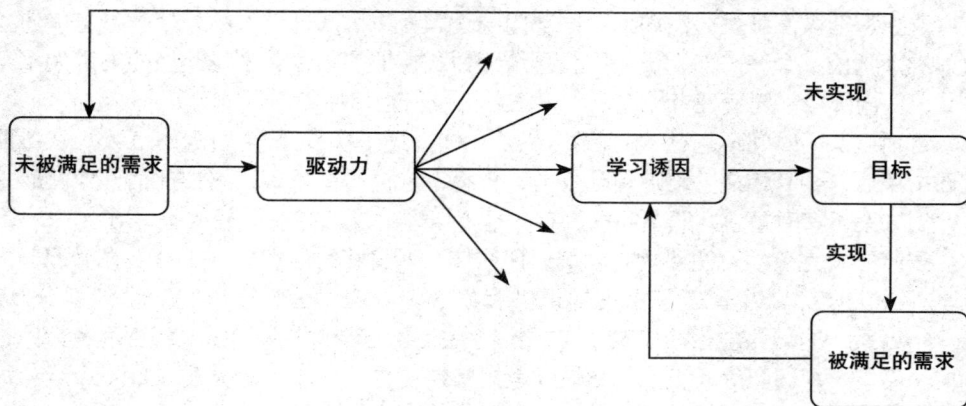

图 8-3　成年人学习动机产生的原因

1. 未被满足的需求

未被满足的需求因人而异，与个体相关。物质生活并不丰富的人也许更希望获得物质上的满足，物质生活比较丰富的人则可能更希望得到精神上的满足。

2. 驱动力

学习的驱动力因未被满足的需求产生，但是驱动力不一定会转化成学习诱因。受外界环境的影响，驱动力有可能消失，也有可能转化为学习诱因。

3. 学习诱因

学习诱因是把驱动力与学习内容联系在一起的学习理由。有了学习诱因，成年人才会把学习后的结果和未被满足的需求联系起来，产生学习的想法。

4. 目标

当成年人有了学习的想法，并期望做出学习行为时，目标就形成了。当然，成年人设定学习目标应遵循 SMART 原则，不能想当然。

5. 目标是否实现

目标是否实现，会使成年人相应形成学习的削弱回路或增强回路。若目标没有实现，个体需求仍然未被满足，成年人将会形成新的学习动机。如果成年人频繁接收到"学习无用"的信号，频繁体会到"学习无用"，就可能会形成学习的削弱回路。

若目标实现，个体需求得到满足，这时候，个体会获得对学习的正面反馈，形成学习的增强回路。

成年人学习的逻辑如图 8-4 所示。

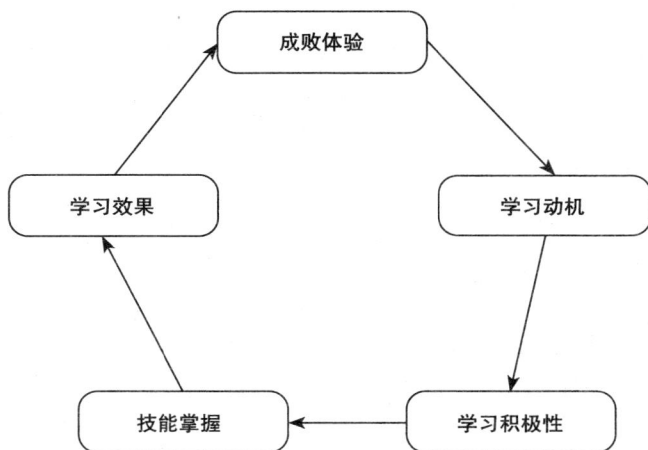

图 8-4　成年人学习的逻辑

1. 成败体验

成年人的成败体验直接影响着他的学习动机，尤其是当成败体验与学习的相关性比较强时。例如，某人求职失败的主要原因是知识储备不足，这时候他就会产生正面的学习动机。

2. 学习动机

学习动机有正面、负面之分，有的成败体验会导致产生负面的学习动机，不利于学习行为的产生。例如，某人认为有人从来不学习也能够获得成功，就会产生负面的学习动机。

3. 学习积极性

学习积极性是正面的学习动机的进一步表现，成败体验越强烈，由此产生的正面的学习动机越强，学习积极性也会越强。从成败体验到学习积极性的路径，和人们对世界的解释框架有很大关系。在积极的解释框架之下，人们更容易选择这条路径。

4. 技能掌握

有了学习积极性，产生了学习行为，通过学习，成年人将会获得技能水平的提升。阶段性的技能水平提升有助于强化学习积极性，形成正向的学习反馈。如果掌握某项技能的时间周期过长，可能会削弱学习积极性。

5. 学习效果

技能的掌握情况影响着学习效果，学习效果影响着成败体验。学习效果指向成功，将会强化成年人正面的学习动机；学习效果指向失败，成年人可能会对学习产生质疑，产生负面的学习动机。

学习其实是客观存在的，它总在不经意间发生，但人们对学习的主观感受却截然不同。有的人认可学习的价值，有的人认为"学习无用"。实际上，就算内心对学习再抵触的人，也在不经意间学习了很多知识。

生活中有太多人们原本不知道的东西需要学习。对于 LD 来说，其工作重点之一是使员工认可公司让员工学习新知识和新技能的想法，并将这些知识和技能与"有用"联系在一起。

8.3 用学习解决绩效问题

组织的绩效问题若与人才的知识或能力相关，是可以通过人才的学习来解决的。组织深入分析绩效问题产生的原因，找到有助于解决绩效问题的可执行的方法，就能有效地解决绩效问题。

8.3.1 案例内容：业绩增长遇到瓶颈

某保险公司在某城市的分公司成立两年以来发展一直比较迅猛，每年都能完成总部设定的业务目标。然而随着该分公司规模的不断扩大，人员数量越来越多，该分公司的发展开始出现瓶颈。

人员数量的增长并没有为该分公司业绩增长带来正面影响，反而导致业务扩张疲软，业绩增长缓慢。虽然该分公司总业务量的绝对值在缓慢增长，但业绩增长速度远没有人员成本的增长速度快。

公司新上任的 LD 王五查找原因后，发现出现上述问题的主要原因是该分公司之前在该城市扩张时依靠的是总经理和几个核心业务人员的人际关系与个人能力。但个人的资源和能力毕竟有限，随着分公司规模不断扩大，新上岗的销售人员资源和能力匮乏，并没有带来业务上的预期增长。

王五进一步分析了该分公司问题产生的原因，如图 8-5 所示。

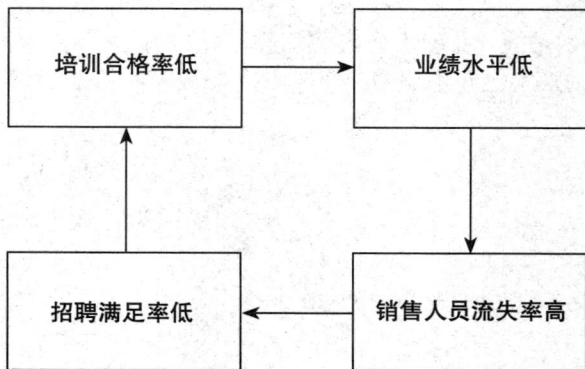

图 8-5　该分公司问题产生的原因

因为销售人员的培训学习质量不达标，培训合格率低，造成了销售人员的业绩水平比较低。

销售人员的业绩水平低，造成了销售人员的薪酬水平比较低，进而造成了销售人员流失率比较高。

销售人员流失率高，招聘满足率低，人才补充跟不上，进一步降低了业务成交的可能性。而比较低的招聘满足率，又进一步降低了培训合格率。

于是，该分公司陷入了一个业绩上的恶性循环。这个恶性循环的源头，就是销售人员的培训学习质量不达标。

王五发现当前针对销售人员组织的培训的内容都是一些销售类的通用课程，例如销售礼仪、销售话术、销售案例等。这些课程的内容和对应能力虽然需要销售人员掌握，但这些内容主要用于提升销售人员的思维和认知水平，可操作性比较低，并不能直接带来业绩上的增长。

那么如何让销售人员的培训学习质量达标呢？如果将总经理和几个核心业务人员的个人能力转化为组织能力，能否让组织的业绩持续增长呢？

8.3.2　分析思考：发现业绩与学习的关系

在上述案例中，问题的关键是销售人员的培训学习质量低，培训没有达到直接提高销售人员业绩水平的目的。要提高业绩水平，该分公司可以改变销售人员的培训学习内容，提高销售人员培训通过率，从而提高培训合格率，实现销售业绩增长，降低员工流失率，提高招聘满足率，如图8-6所示。

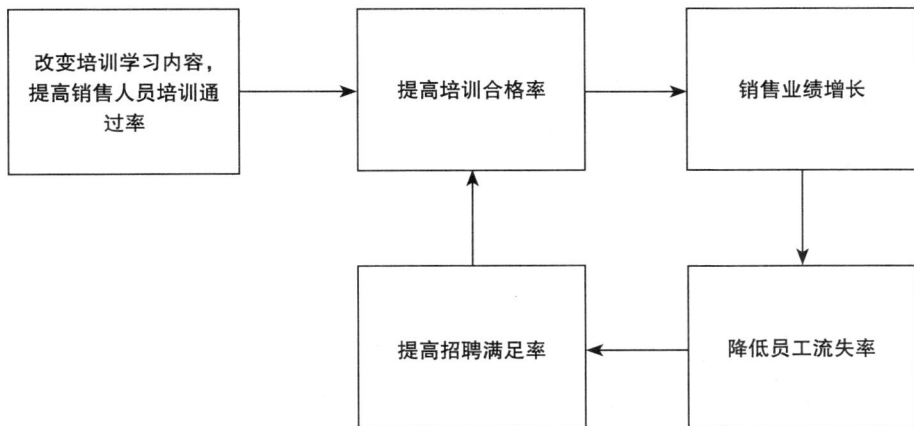

图8-6　改变销售人员培训学习内容的逻辑

什么样的培训学习内容能够在短时间内提高销售人员的业绩水平呢？

针对这个问题，王五在保险行业中开展了一系列调研，也咨询了很多做员工学习培训的专家。结果发现，短时间内把一个只有热情、没有经验的新人培养成一个业绩良好的销售专家是很难的，这也是公司原来的培训合格率低的原因。

但在短时间内教会新人一些容易落地的方法和技巧，却是可以实现的。

例如针对销售人员的新员工培训除了介绍公司文化、产品等之外，还可以介绍一些比较容易学习和使用的销售技巧。

该销售技巧的使用分为以下3步。

第1步，每个人在1张A4纸上写下自己认识的50个人的名字。这50个人与自己可以是任意关系，只要自己能想办法联系上他们，就可以将他们的名字写下来。

第2步，用学到的话术分别联系这50个人。需要注意的是，联系这50个人不是为了向他们卖保险，而是问候他们，顺便与他们探讨理财知识。

第3步，向这50个人推荐免费的理财知识讲座，邀请他们参加。对于这50个人中与自己比较熟的，可以在一开始沟通时就推荐他们参加讲座；对于不熟的，可以在第2次或第3次联络时再邀请他们参加讲座。

为什么不直接要求新员工推销保险产品呢？

因为就算进行了培训学习，新员工对产品也只能做到大致了解，并不能做到熟悉。在这种情况下让其直接向别人推销保险产品，一方面，其很难根据客户情况为客户推荐最合适的保险产品组合；另一方面，其很难系统全面地介绍产品，也很难全面有效地解答客户的问题。

只要新员工能够组织一定数量的熟人到场参加理财知识讲座，就算他培训合格。理财知识讲座的主讲人是总经理和业务能力很强的老员工，他们依靠丰富的专业知识和业务经验在向听众介绍理财知识的同时，可以推荐公司的保险产品，促进成交。

王五这样做了之后，公司的业绩水平果然持续提高。

8.3.3 延伸方法：绩效结果在组织层面的应用

LD应当重点关注组织的绩效情况，当组织出现绩效问题时，LD应及时在组织层面对绩效结果进行应用。

绩效结果在组织层面的常见应用方式有5种，如图8-7所示。

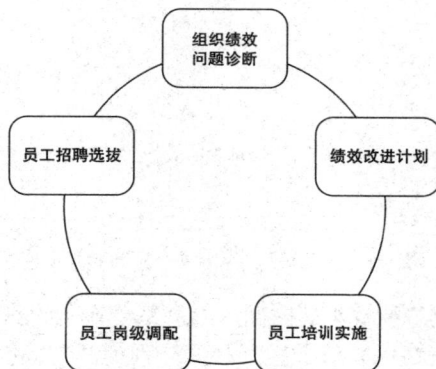

图8-7 绩效结果在组织层面的常见应用方式

1. 组织绩效问题诊断

组织绩效问题的诊断可以分成两种，一种是直接绩效诊断，另一种是间接绩效诊断。直接绩效诊断指的是组织对绩效管理活动中所有相关因素进行诊断、分析并改正，以提高组织的绩效管理水平；间接绩效诊断指的是组织通过绩效诊断活动，在发现绩效问题的同时，及时发现组织除绩效管理外其他经营和管理方面的问题。

2. 绩效改进计划

绩效改进计划是组织中的管理者与员工经过充分的沟通讨论后制订的行动计划。绩效改进计划的制订要本着符合实际、具体明确、固定时间的原则。绩效改进计划的内容包括绩效改进的项目、绩效改进的原因、当前的绩效水平、期望的绩效水平、绩效改进的方式、绩效改进的期限等。

3. 员工培训实施

组织从绩效结果中能够发现员工的培训需求。一般某部门的绩效水平明显降低时，LD应当查找具体原因，判断该部门员工是否需要接受相应的培训。例如，销售部门业绩水平下滑、生产部门产品质量降低、技术部门新产品研发延期时，LD都应当关注，判断是否需要实施员工培训。

4. 员工岗级调配

绩效结果是组织对员工实施岗位或职级调配的重要依据。员工的岗级调配不仅包括纵向的职级提高或者降低，还包括横向的岗位的调换或轮换。

5. 员工招聘选拔

绩效结果可以作为人才招聘和选拔的重要依据，这主要体现在招聘计划的制订、人才筛选的参考、招聘效果的检验等3个方面。

8.4　总结成功经验，解决实际问题

LD除了要关注组织绩效问题产生的原因外，还要找出组织绩效问题的解决方案。当出现组织绩效问题时，LD可以先查找组织内是否存在绩效水平较高的情况，对绩效水平较高的情况做经验总结，并将其转化为组织能力。

8.4.1　案例内容：解决组织的难题

LD赵六所在公司的招聘压力非常大。

有一次，公司要在一个新区域开设分公司，便派出了3名招聘专员，目标是用3个月让招聘满足率达到100%。但招聘效果很差，这3名招聘专员花了3个多月时间，招聘满足率却只有30%。

经过分析，LD发现招聘效果差的主要原因有以下3点。

（1）本公司对于当地劳动者来说并不具备知名度，大部分劳动者从没听说过本公司，在当地就业的劳动者更倾向于选择当地的知名公司。

（2）本公司设置的薪酬水平比较低。

（3）本公司招聘岗位的劳动时间普遍长于当地同行业中类似岗位的劳动时间。

这些问题似乎都不是短时间内能解决的，然而公司的招聘任务却迫在眉睫。

有趣的是，公司正好新聘请了一位招聘经理，并把他派到了那个新区域，让他领导当地的招聘专员继续开展人才招聘工作。当时由于还有其他新区域有招聘需求，公司就把之前派往那个新区域的3名招聘专员派往了其他新区域。

让人没想到的是，这位招聘经理只用了一个月的时间，就让招聘满足率达到了90%，这让整个公司都非常震惊。

这位招聘经理回总部后，分享了自己的成功经验，分别从招聘渠道、招聘方法和面试技巧等不同维度讲了自己是如何提高招聘满足率的。

LD赵六听完之后受益匪浅、如获至宝，觉得这套方法非常值得推广。于是，赵六和这位招聘经理一起把招聘的方法论总结出来，形成了公司的标准招聘流程，并在全公司范围内培训。培训效果非常好，公司整体的招聘满足率都提高了。

8.4.2　分析思考：获取解决方案的步骤

如果目标完成情况没有达到预期，LD一是要判断为什么没有达到预期，二是要判断周围有没有谁做得比较好，找到最佳实践。接着，LD要研究最佳实践，以改进预期目标、制定方案和采取行动。

对没有达成的预期目标的改进的过程实际上就是进行情况分析后找到最佳实践，研究最佳实践，提炼正确的方法，然后在组织中推广这个方法的过程。我们通过以上案例能够看出，出现问题后，解决方案的获取可以分成3步。

1.情况分析

分析当前情况，找到当前问题所在。LD要对组织当前存在的问题做详细分析，而不是盲目采取行动。LD可以问如下问题。

（1）做好这件事的难点在哪里？

（2）当前最大的问题是什么？

（3）是哪个环节没做好？

2.研究最佳实践

LD要找到在出现问题的这个领域当中做得最好的那个人，研究这个人为什么做得好以及他采取了什么方法。LD可以问如下问题。

（1）对于做好这件事可以向谁借鉴？

（2）做得比较好的情况有哪些？

3. 经验总结

LD 研究最佳实践后，应将相应的方法提炼出来，变成组织中其他人都能够运用的工具或模板。LD 可以问如下问题。

（1）最佳实践做得好的原因是什么？

（2）有哪些经验或方法可以提取？

（3）具体步骤是什么？

LD 遇到难题不知如何解决时别着急，分析当前情况，研究最佳实践，进行经验总结，也许就能找到解决问题的方法。

8.4.3　延伸方法：总结经验的方法

经验可以被学习吗？

很多人认为不能，因为经验不同于知识和能力。知识可以通过书本或课程获得，能力可以通过练习获得，但经验必须通过时间积累。所以论重要程度，经验 > 能力 > 知识，经验比能力和知识更有助于人们成长。

实际上，经验能够被学习，但学习经验的方法与学习知识和能力的方法有所不同。要理解这一点，我们首先要理解什么是经验。

经验指的是工作时间长短吗？肯定不是。现实中很多工作了 30 年的人也不见得有什么建树。为什么会这样？因为很多工作了 30 年的人只是把同一类工作重复做了 30 年。这不是有 30 年经验，只是工作了 30 年时间。

那经验到底是什么？实际上，经验更像是一种异常管理能力。

这是什么意思呢？

我们以租车司机这个职业为例。一个人从不会开车到熟练掌握开车技能，熟悉城市道路（有导航后这一步变容易了）和出租车运营规范，成为一名合格的出租车司机，需要多长时间呢？粗略统计，大约不到 1 年时间就能做到。

但如果可以自由选择出租车司机，老司机多半比新司机更受欢迎，因为老司机的经验更多。这不是心理误差效应，事实上老司机在普遍意义上就是比新司机更靠谱。老司机比新司机多的经验究竟是什么呢？就是老司机对各类异常状况的应对能力。

如果依然难以理解，你可以想象这样一个场景。假如有一条没有尽头的路和一辆不需要加油的车，一名出租车司机在这条路上一直往前开，整条路上没有其他车辆，也没有行人，不需要转向，不需要变道，不需要避让，也不需要踩刹车，这样一直开 30 年，这名出租车司机就获得了 30 年的经验吗？当然不是。

那在什么情况下，这名出租车司机能获得经验？就是在自己正常转弯时，知道就算一切正常，也要提防突然冒出的其他车辆；就是在接到了因为喝醉酒在车上一睡不醒的乘客时，知道可以请求公安部门的帮助；就是在遇到突发事故时，知道再怎么样也不能着急。

笔者有一次和朋友一起坐飞机，途中遇到颠簸，飞机晃得厉害。朋友有些担心，小声问笔者："不会出什么事吧？"

笔者说："你也经常出差，又不是第一次坐飞机，犯得着这么紧张吗？"

朋友说："可我从没遇到过颠簸得这么厉害的情况。"

笔者说："不用担心，晃得比这更厉害的我都遇到过，而且你看空姐的表情，丝毫不紧张，可见当前并不是她们遇到过的最糟糕的情况。"

经验就是人们对自身经历的异常状况的处理方法，以及从中得出的结论。再回到最初的那个问题，经验可以被学习吗？当然可以，但要懂得总结经验的方法。

具体如何总结经验呢？

总结经验可以用访谈法，通过向有经验者提出问题的方式，总结出有经验者把事情做成功的方法论。总结经验时有 4 个技巧，分别是拆分问题、聚焦到动作、有具体的佐证和多维度提问。

1. 拆分问题

如果目标问题较宏大，如"如何提高销售业绩"，此时不要直接问目标问题，而应将目标问题拆分成更具体的问题，如"你拜访新客户时会怎么做"。

2. 聚焦到动作

总结出的经验不应是品格、价值观、理念等抽象的概念，而要落实到具体的动作上。追问到更细的颗粒度，细化到更小的动作，才能更好地学习总结出的经验。

3. 有具体的佐证

总结出来的具体动作要有多次的事件或对比作为佐证，例如要得出"每天打 100 个陌生电话有助于增加新用户"的结论，就要有多次这样做后确实增加的新用户的数据，以及与没有这样做的情况的对比。

4. 多维度提问

为了让提问更有效，提问的人越多越好，最好能实施 360 度提问。

总结有经验者的经验时，除了访谈有经验者本人之外，还要访谈有经验者身边的人，以还原出有经验者生活和工作的全链条。不是每个人都具备较强的自我认知，有经验者往往不能完全意识到自己到底好在哪里，通过对有经验者身边的人全方位地访谈，我们能够更全面地总结和认识到有经验者做得好的原因。

例如，想要知道某个学生学习成绩好的原因，不仅要问该学生本人平时是如何学习的，还可以通过该学生的老师、父母、朋友了解该学生平时的学习和生活情况，这样才能还原出该学生学习的完整脉络。